Olla De Cocción Lenta

Recetas De Olla De Cocción Lenta Para Principiantes

(Deliciosas Comidas Crockpot Que Puedes Cocinar Rápidamente)

Dario Sosa

Publicado Por Daniel Heath

© **Dario Sosa**

Todos los derechos reservados

*Olla De Cocción Lenta: Recetas De Olla De Cocción Lenta Para Principiantes
(Deliciosas Comidas Crockpot Que Puedes Cocinar Rápidamente)*

ISBN

Este documento está orientado a proporcionar información exacta y confiable con respecto al tema y asunto que trata. La publicación se vende con la idea de que el editor no esté obligado a prestar contabilidad, permitida oficialmente, u otros servicios cualificados. Si se necesita asesoramiento, legal o profesional, debería solicitar a una persona con experiencia en la profesión.

Desde una Declaración de Principios aceptada y aprobada tanto por un comité de la American Bar Association (el Colegio de Abogados de Estados Unidos) como por un comité de editores y asociaciones.

No se permite la reproducción, duplicado o transmisión de cualquier parte de este documento en cualquier medio electrónico o formato impreso. Se prohíbe de forma estricta la grabación de esta publicación así como tampoco se permite cualquier almacenamiento de este documento sin permiso escrito del editor. Todos los derechos reservados.

Se establece que la información que contiene este documento es veraz y coherente, ya que cualquier responsabilidad, en términos de falta de atención o de otro tipo, por el uso o abuso de cualquier política, proceso o dirección contenida en este documento será responsabilidad exclusiva y absoluta del lector receptor. Bajo ninguna circunstancia se hará responsable o culpable de forma legal al editor por cualquier reparación, daños o pérdida monetaria debido a la información aquí contenida, ya sea de forma directa o indirectamente.

Los respectivos autores son propietarios de todos los derechos de autor que no están en posesión del editor.

La información aquí contenida se ofrece únicamente con fines informativos y, como tal, es universal. La presentación de la información se realiza sin contrato ni ningún tipo de garantía.

Las marcas registradas utilizadas son sin ningún tipo de consentimiento y la publicación de la marca registrada es sin el permiso o respaldo del propietario de esta. Todas las marcas registradas y demás marcas incluidas en este libro son solo para fines de aclaración y son propiedad de los mismos propietarios, no están afiliadas a este documento.

TABLA DE CONTENIDO

1.1 Introducción A La Olla De Cocción Lenta:......... 1

1.2 Diseño Y Operación:... 3

1.3 Mantenimiento Y Cuidados:... 6

1.4 Ventajas:... 8

1.5 Desventajas: 10

1.6 Consejos Generales Al Cocinar: 11

2.1 Recetas 15

1. Budín De Tarta De Calabaza Cocido Lento 16

2. Brownie Cremoso Con Fresas 18

3. Pastel De Queso Y Limón Sin Corteza 21

4. Budín De Pan De Chocolate 24

5. Compota De Fruta Con Especias 27

6. Budín De Arroz 29

7. Budín De Pan A La Choconuez 31

8. Pastel De Queso Y Fresa 34

9. Cobbler (Tarta Invertida) De Durazno 37

10. Fondue De Chocolate 39

11. Budín De Pan Y Chocolate Blanco 41

12. Cobbler De Zarzamora Con Pan De Maíz 43

13. Mantequilla De Manzana En Olla De Cocción Lenta 45

14. Dulce De Chocolate Y Cacahuate (Maní)....................... 48

15. Pastel Volteado De Piña 50

16. Pastel De Zanahoria En Olla De Cocción Lenta 53

17. Pastel De Limón Y Semilla De Amapola 55

18. Pastel De Queso Y Crema Ácida 58
19. Granola De Manzana 61
20. Foster De Banana 63
21. Pastel De Manzana Doble 65
22. Pera Poché Con Especias 68
23. Compota De Moras (Sobre Pastel De Ángel) 71
24. Budín De Pan Con Canela Y Uva Pasa 73
25. Sundae De Brownie De Chocolate 76
26. Tarta De Nuez 78
27. Pastel Suntuoso De Fudge De Chocolate 81
28. Pastel Lava De Piña Colada 84
29. Brownie De Malvavisco 86
30. Pastel De Almendra Y Ciruela 89
31. Scones De Chocolate 92
32. Pastel De Queso Y Avellana Triturada 94
33. Bollos De Nuez 98
34. Pastel De Chocolate Y Cerezas 102
35. Cobbler (Tarta Invertida) De Cereza 104
36. Pavlova Con Fruta 106
37. Pastel De Coco 109
38. Tarta De Manzana En Olla De Cocción Lenta 112
39. Pastel Crujiente De Queso Con Nutella Chocolatosa 115
40. Pastel De Queso Y Calabaza 119
41. Dulce De Nuez Pecana 123
42. Dulce De Leche 125

Parte 2 128
Introdução 129
Pudim Esponja No Vapor 133
Pão De Ló De Frutos Silvestres 135
Pudim De Banana E Passas 136
Pudim De Pão De Ló 137
Pudim De Tortilha 138
Pudim Roly Poly 142

Parte 1

1.1 Introducción a la Olla de Cocción Lenta:

La olla de cocción lenta o Crock-pot es tan solo un electrodoméstico de cocina que puede cocinar alimentos saludables y deliciosos.Sin embargo, la característica más interesante de este aparato es que ofrece un método para cocinar prácticamente sin supervisión.Aún más importante, con una olla de cocción lenta, usted puede contar con que la comida, caliente y recién preparada, le estará esperando cuando regresa de trabajar o cuando despierta en la mañana.Sin duda suena asombroso ¿no le parece?

La olla de cocción lenta tiene algunas funciones verdaderamente maravillosas que hacen esto posible.Tiene un temporizador que puede programarse anticipadamente según el proceso de cocción necesario para un platillo.Algunos modelos de olla de cocción lenta incluso cuentan con software preinstalado, con el que puede programar secuencias del proceso de cocción y dejar de preocuparse. La cocción lenta requiere de muy poco tiempo de preparación de su parte.Por ejemplo:Puede colocar los ingredientes en la olla, programarla, y encenderla justo antes de irse a dormir o a su trabajo. La olla de cocción lenta se encargará de todo lo demás.Cocinará por horas, sin permitir que la comida se queme, y es segura de usar en cualquier hogar.Sirve para preparar sopas, cocidos, alimentos hervidos, y también para asar, freír, etc.

En pocas palabras: Usted puede cocinar casi todo en ella.Cocina a calor bajo, brindando calor uniforme, y mantiene el alimento caliente por horas.El concepto del uso de la olla de cocción lenta para preparar alimentos es particularmente popular en Estados Unidos, Canadá, Nueva Zelanda, y Australia. Sin embargo, su popularidad y sus sabrosos beneficios se están expandiendo lentamente por todo el mundo, y se predice que llegará a ser el estilo de cocina más popular del presente siglo.

1.2 Diseño y Operación:

Se trata de una vasija de forma oval o redonda, fabricada en porcelana o cerámica vidriada.Le rodea un alambre metálico a través del cual se puede generar calor mediante carga eléctrica.Generalmente, la tapa es de vidrio y se coloca sobre el borde acanalado de la vasija.El vapor se concentra en la ranura y genera una sutil presión atmosférica por fuera de la vasija, que a su vez equilibra la presión de vapor que se genera dentro de la vasija.Esto elimina la posibilidad de una descarga repentina de vapor.Este mecanismo de equilibrio de presión hace que la olla sea diferente y más segura que una olla de presión normal.

El área de cocción principal, la vasija u olla de cerámica, está diseñada de tal manera que puede mantener una temperatura alta constante.La capacidad de la vasija puede variar, desde 500 ml. (16 oz.) a 7 litros (7.4 cuartos estadounidenses).Cuenta con un indicador de nivel de líquido, diseñado para evitar que la olla se caliente sin control.Por seguridad, siempre se debe mantener el nivel recomendado de líquido.

En general, una olla de cocción lenta tiene dos o más posiciones para el nivel de temperatura, que pueden ser 'bajo', 'calentar, 'medio', 'alto', 'mantener caliente', etc.Solo algunas ollas cuentan con un mecanismo de variación continua de temperatura.Otros tipos de olla no cuentan con ningún tipo de control de temperatura, y calientan de forma constante durante varias horas.

Para cocinar, se colocan ingredientes crudos y el líquido de su elección (agua, caldo, vino, etc.) en la vasija.Puede agregarse el líquido previamente calentado para algunas recetas.Se coloca la tapa sobre la vasija y se enciende la olla.

Algunas ollas cocinan a una temperatura constante, y otras pueden pasar de modo "cocinar" a modo "mantener caliente" (71 – 74°C / 160 – 165°F) automáticamente.Un termostato mide la temperatura que determina el punto en el que la olla cambia de modo.

La temperatura del contenido de la olla generalmente se mantiene a una temperatura entre 79 y 93°C (175-200°F) durante el proceso de cocción.

Puede ajustarse de acuerdo con los requerimientos de la receta.El vapor producido por la temperatura interna de la vasija se acumula cerca de la tapa, donde se condensa y regresa de nuevo como líquido.Algunas vitaminas (solubles en agua) se filtran al líquido.La tapa ayuda a evitar que el calor se escape al contenido, al cocinar y también al enfriar.El líquido transmite el calor desde la pared de la vasija a los ingredientes crudos, y así mismo, distribuye el sabor.

Algunas ollas de cocción lenta deben ser encendidas y apagadas manualmente antes y después de cocinar, en tanto que otras cuentan con funciones automáticas para ello.

Las ollas de cocción lenta más novedosas y eficientes tienen incluso controles de operación computarizados (p.e., usted puede programar y configurar la cocción a temperatura alta durante dos horas, seguida de dos horas a temperatura media, dos horas a temperatura baja, y después mantener caliente dos horas más y apagarse; además de programar el temporizador para retrasar el inicio del proceso).Y eso se llama cocinar realmente sin esfuerzo alguno.

Debido a que el alimento preparado en la olla de cocción lenta se mantiene caliente durante largos periodos, puede olvidarse del tener que recalentar su comida.También puede trasladar su olla de cocción lenta con su alimento preparado sin temor a que este se derrame, ya que la tapa de la olla puede sellar por completo.

Puesto que la operación de la olla de cocción lenta es distinta a la de una olla normal, es necesario modificar ligeramente las recetas para cocinarlas en ella.Será necesario modificar las cantidades de líquido de acuerdo con el índice de evaporación en la olla de cocción lenta, así como asegurarse de que la vasija contenga suficiente líquido para la cantidad de alimento que se preparará.Los platillos preparados en la olla de cocción lenta son verdaderamente deliciosos.

1.3 Mantenimiento y Cuidados:

Al igual que con cualquier otro electrodoméstico, una olla de cocción lenta requiere cuidados y mantenimiento especiales.

- Únicamente debe ser desarmada para su limpieza por parte del usuario.Para cualquier reparación u otro propósito, debe ser desarmada solo por personal calificado. Acuda siempre a un servicio profesional para reparaciones.
- Deben evitarse cambios abruptos de temperatura.No coloque la tapa de vidrio o la vasija de loza en agua fría o sobre alguna superficie mojada si están calientes.
- No utilice el contenedor para guardar alimentos en el refrigerador. Si por algún motivo lo hace, recuerde no recalentarla inmediatamente después de retirarla del refrigerador. Los cambios abruptos de temperatura pueden provocar la rotura de la loza.
- Si observa cualquier rotura o rajada en la loza o la tapa, no utilice la olla.Ha dejado de ser segura.
- Mantenga su olla siempre limpia.

Limpieza:
- Nunca debe sumergir en agua la base de la olla de cocción lenta,ni la clavija.Hágalas a un lado durante la limpieza.

- No olvide desconectar la olla de cocción lenta de cualquier fuente de electricidad y dejar que se enfríe por completo antes de comenzar a limpiarla.
- Puede lavar la tapa de vidrio y la vasija de loza en lavavajillas.Separe la vasija de otros utensilios dentro del lavavajillas para evitar que se dañe.
- Para remover restos o manchas de alimento de la vasija de loza, llénela con agua jabonosa tibia y deje reposar de 10 a 15 minutos.Coloque un poco de bicarbonato en una fibra plástica para lavar (no utilice fibra metálica, esta rallará la loza) y aplique a la superficie de la olla para limpiarla.
- Aplique vinagre blanco destilado para limpiar cualquier mancha provocada por agua o acumulación de minerales dentro de la vasija.Si se trata de una mancha profunda, aplique un poco de vinagre, deje reposar por algunos minutos, enjuague y deje secar.
- Use un paño suave húmedo para limpiar la base por fuera y por dentro.Nunca use tejidos ásperos o productos de limpieza, ya que esto puede dañar la superficie.

1.4 Ventajas:

Sin duda alguna, la olla de cocción lenta tiene muchas ventajas en comparación con otros aparatos de cocina. He aquí algunos de sus beneficios:

a) La cocción lenta puede suavizar el músculo magro y tejido conectivo de la carne, muy útiles para preparar guisados saludables y sabrosos.Con otros procesos de cocción, estos músculos y tejidos deben retirarse ya que endurecen la carne al cocinarse. Una olla de cocción lenta ayuda a conservar la integridad alimentaria de un platillo al máximo nivel posible.
b) Con los líquidos adecuados, se corre escaso o ningún riesgo de que su comida se queme al cocinarse durante tanto tiempo, gracias al uso de bajas temperaturas y al proceso de calentamiento uniforme de la olla de cocción lenta.
c) El temporizador de la olla de cocción lenta es muy útil.Puede incluso programar el temporizador para iniciar el proceso de cocción según prefiera. Supongamos que usted sale a trabajar a las 7 a.m., pero quiere que la olla comience a cocinar a las 9 a.m.Puede simplemente programar el temporizador y cocinar su platillo en el tiempo de su preferencia, de forma que al regresar a casa encontrará que le espera una deliciosa comida caliente.

d) La olla de cocción lenta es maravillosa para mantener la comida caliente durante horas, incluso después de haber concluido el proceso de cocción.

3) La olla de cocción lenta prepara comidas completas de un solo platillo, lo que nos ahorra el lavado de muchas ollas y sartenes después de cocinar. Más aún, su diseño con partes desarmables hace de su limpieza y mantenimiento un proceso sencillo.

f) Hasta cierto punto, la olla de cocción lenta es más segura que las ollas tradicionales de estufa, puesto que su temperatura se mantiene a nivel mucho más bajo durante todo el proceso de cocción.

1.5 Desventajas:

¿Realmente tiene desventajas la olla de cocción lenta? A decir verdad, lo dudamos. Suena a locura, pero es verdad que tiene muy pocos inconvenientes, como cualquier otro aparato de cocina.

a) Muchos vegetales pierden sus vitaminas y nutrientes esenciales durante el proceso de cocción. Sin embargo, debido a que la olla de cocción lenta trabaja con temperaturas relativamente bajas, previene parcialmente la desnaturalización de las enzimas benéficas en comparación con otros procesos de cocción a temperaturas altas. El uso de vegetales escaldados o precocidos puede ayudar a mantener intactos sus nutrientes y las vitaminas.

b) Los alimentos preparados en la olla de cocción lenta no deben dejarse enfriar a menos de 70°C (158 °F), ya que a esta temperatura se pueden desarrollar bacterias dañinas dentro de la olla y estropear la comida. Algunas de estas bacterias dañinas pueden incluso producir esporas y toxinas que no se eliminarán incluso al recalentar.

c) Si agrega ingredientes en la última fase de la cocción, tendrá que esperar largas horas de nuevo para que dicho ingrediente se cocine por completo, ya que la olla de cocción lenta tarda bastante en cocinar cada ingrediente. Sin embargo, la espera bien lo vale, puesto que el resultado será increíblemente delicioso.

1.6 Consejos Generales al Cocinar:

A continuación, lea algunos consejos para cocinar con su olla de cocción lenta, que le ayudarán a cocinar más fácilmente y obtener siempre platillos más sabrosos, aromáticos y gratificantes.Siga estos consejos y adquiera experiencia en la cocción lenta.

a) **Mantenga la olla de cocción lenta bien tapada:**Si está en casa mientras prepara la comida del día en su olla de cocción lenta, tal vez tienda a querer espiar la comida, y revolverla, mientras está en proceso de cocinarse.Sin embargo, lo mejor es controlarse y evitar asomarse muy seguido o revolver la comida mientras se cocina.Porque cada vez que abre la tapa, el proceso de cocción se prolonga al menos unos 10 o 15 minutos.Así que mientras más remueve, más tiempo tarda su platillo en cocinarse, y su paciencia se pondrá a prueba.O también podría retrasarse para poder servir la comida a su familia o invitados.La olla de cocción lenta requiere poca o ninguna atención o supervisión mientras trabaja.De modo que es usted quien tiene que minimizar las veces que remueve el alimento, manteniendo la tapa cerrada para que su comida esté lista a tiempo.

b) **No exponga la vasija a cambios abruptos de temperatura:** Nunca coloque una vasija caliente sobre una superficie fría, ya que esto puede provocar que se raje.Si no tiene otro lugar para colocarla, ponga primero un paño de cocina sobre la superficie antes de colocar encima la vasija de cerámica.

c) **Saltee primero:** En lugar de solo acomodar los ingredientes dentro de su olla de cocción lenta, encenderla y preparar su platillo, opte por saltear o sellarlos antes de cocinar.Esto mejora el sabor y la textura.Este truco bien puede aplicarse en carnes (molida o deshebrada) y salsas.La carne adquiere más sabor y mejor textura; las salsas se hacen más espesas cuando se saltean antes de colocarlas en la olla de cocción lenta.

d) **Evite usar** ingredientes **congelados:** Con la excepción de platillos congelados pre-empacados específicamente para olla de cocción lenta, evite usar otros ingredientes congelados en la olla.Estos deben descongelarse antes de ser añadidos a la olla de cocción lenta.De no ser así, se corre el riesgo de que se desarrollen bacterias.

e) **No sobrecargue la olla:** Asegúrese de llenar la vasija a la mitad o como máximo a dos terceras partes de su capacidad con ingredientes y líquido.Si la llena de más, se sobrecargará y el resultado no será el que usted espera, o no será tan gratificante.Para asar un pollo grande u otra cosa de similar tamaño, use una olla más grande para mantener la proporción.

f) **Remueva la piel y grasa:** Limpiar las partes grasas y la piel de la carne dará como resultado un líquido de cocción más claro y menos grasoso.

g) **Distribuya uniformemente sus capas:** Corte sus vegetales uniformemente para que se cocinen uniformemente. Si utiliza raíces como zanahoria, patatas, etc., colóquelas en la capa inferior y acomode la carne sobre esa capa para obtener resultados óptimos.

h) **Tenga cuidado al usar productos lácteos:** Los productos lácteos tienden a cortarse durante la cocción lenta. Agréguelos en los últimos 15 minutos de cocción y remueva constantemente.

i) **Mantenga la temperatura:** Algunas recetas se cocinan mejor con temperaturas altas y algunas otras quedan mejor si se cocinan a temperaturas bajas. Así que, elija y mantenga la temperatura de cocción de acuerdo con su receta. Por lo general la posición de temperatura baja opera alrededor de los 76°C y la de temperatura alta opera alrededor de los 140°C.

j) **El toque final:** Puede espolvorear sobre cualquier platillo preparado con cocción lentahierbas frescas, o exprimir un poco de limón. Esto realzará la intensidad y sabor del platillo. Otras opciones para aderezar pueden ser: queso parmesano rallado, salsa picante, aceite de oliva, ajo salteado, ralladura de cítricos, etc.

Algunos consejos para postres:

a) Cuando hornee un pastel en la olla de cocción lenta, es buena idea colocar paños o toallas de papel bajo la tapa de la olla para capturar la humeada y agua que gotea de arriba. El goteo de agua sobre el pastel puede hacer que éste quede pastoso.

b) Es importante usar aceite en aerosol para hornear en la olla de cocción lenta.

c) Si forra el interior de la olla con papel para hornear, le será más fácil retirar el pastel o cualquier otro producto horneado de la misma.

d) Puede usar la prueba del palillo para saber si su platillo horneado ya está listo. Justo antes de terminar el ciclo de cocción, inserte un palillo al centro y observe si al retirarlo está limpio. Si está pegajoso, es posible que deba prolongar la cocción, y si sale limpio, indica que el centro del pastel está listo y la cocción ha terminado.

e) Si prepara un pastel de queso para postre en su olla de cocción lenta, es buena idea refrigerarlo o enfriarlo antes de servirlo. La refrigeración mejora la textura del pastel de queso.

2.1 Recetas

Si hasta este momento tiene la impresión de que la olla de cocción lenta le ofrece únicamente una comida rápida y fácil, y nada más... piénselo dos veces.¿Qué le parece hornear un pastel, o preparar un postre de manzanas rellenas de moras?¿Suena tentador?Si lo es, sumérjase en la siguiente sección, porque le espera una colección de recetas para preparar exquisitos postres.

1. Budín de tarta de calabaza cocido lento

No permita que su fabulosa cena se arruine solo porque ha olvidado preparar el postre.Un buen postre es el broche de oro para cerrar la comida.Le añade un toque de satisfacción y bienestar.Y cuando se tiene al alcance una olla de cocción lenta, no necesita esforzarse en absoluto para preparar su postre.Solo planee, y deje a la olla de cocción lenta el trabajo.Este postre en particular está hecho para los amantes de la calabaza.Es dulzón y cremoso, y promete satisfacer su gusto al final de cada comida.Todas las recetas para olla de cocción lenta son fáciles, y esta también lo es.Solo con leer la receta se enamorará de ella.
Tiempo de preparación:10 minutos
Tiempo de cocción:6 horas
Tamaño recomendado para la olla:3 cuartos (2.8 litros)
Porciones:6 – 8

Ingredientes:

- Calabaza (envasado compacto) = 1 lata de 15 onzas (420 gramos)
- Leche (evaporada) = 1 lata de 12 onzas (360 ml)
- Azúcar = ¾ taza (150 gramos)
- Harina preparada para panqueques o para hornear = ½ taza (60 gramos)
- Huevos (batidos) = 2

- Mantequilla (derretida) = 2 cucharadas (28 gramos)
- Especias para tarta de calabaza = 2 ½ cucharaditas (4.25 gramos)
- Extracto de vainilla = 2 cucharaditas (10 ml.)
- Nata montada (crema batida) para adornar (opcional)

¡A cocinar!:
1. En un bol grande combine todos los ingredientes excepto la nata montada.
2. Prepare su olla de cocción lenta y vacíe en ella la mezcla.

Ponga la tapa, encienda la olla, y déjela cocinar en posición de temperatura baja de 6 a 7 horas o hasta que el termómetro marque 160°C (320°F).

3. Cuando haya terminado el ciclo de cocción, abra y transfiera el budín de tarta de calabaza a cuencos para servir.
4. Adorne con la nata montada. Este delicioso postre está totalmente listo para ser servido.

2. Brownie cremoso con fresas

Terminar la comida con una nota dulce siempre nos pondrá de buen humor.Sin embargo, tal vez le preocupe la cantidad de calorías que el postre añade a su dieta. ¡Ya puede dejar de preocuparse! Este brownie chocolatoso tiene menos calorías que otros postres de chocolate.Su secreto es el puré de manzana, que endulza el platillo y mantiene la humedad del brownie. Requiere una cantidad mínima de azúcar.Si lo desea, puede omitir por completo el azúcar.No le quitará su deliciosidad al platillo.Así pues ¿no es esta razón suficiente para probar esta receta?¡Seguro que sí!

Tiempo de preparación:15 minutos
Tiempo de cocción: 2 ½ a 3 horas
Tiempo de reposo:30 minutos
Tamaño recomendado para la olla:6 cuartos (5.7 litros)
Porciones:10

Ingredientes:
- Mantequilla = ¼ taza (56 gramos)
- Chocolate amargo =2 onzas (56 gramos)
- Huevo líquido (refrigerado o congelado, a temperatura ambiente) =½ taza (114 gramos), o Huevos batidos =2
- Azúcar =½ taza (100 gramos)
- Fresas (sin semillas y sin azúcar) o Jalea de

fresa =1/3 taza (110 gramos)
- Puré de manzana (sin azúcar) = ¼ taza (60 gramos)
- Vainilla =1 cucharadita (5 ml)
- Harina =¾ taza (98 gramos)
- Polvo para hornear = ¼ cucharadita (1 gramo)
- Sal = ¼ cucharadita (1.2 gramos)
- Agua tibia =1 taza (235 ml)
- Aderezo o topping (ligero, congelado, a temperatura ambiente, batido) =¾ taza (60 gramos)
- Fresas frescas (enteras o rebanadas) =3 tazas (375 gramos)
- Aceite en aerosol para cocinar
- Papel aluminio grueso

¡A cocinar!:

1. Tome una cacerola o tazón para soufflé de capacidad de 1 cuarto (950 ml) y rocíe ligeramente su interior con aceite en aerosol. Corte una pieza de 18x12 pulgadas (46x30 cm) de papel aluminio grueso a la mitad por su parte larga. Doble cada pieza en tres, otra vez a lo largo. Coloque las dos tiras en forma de cruz y coloque la cacerola sobre el centro de esta cruz. Aparte y reserve por el momento.
2. Es momento de preparar la masa. En un sartén mediano, derrita la mantequilla y el

chocolate a fuego bajo.Retírelo del fuego.
Incorpore batiendo los huevos batidos o huevo líquido.Agregue el azúcar, jalea, vainilla, y puré de manzana.Bata la mezcla con una cuchara hasta lograr una masa homogénea.

3. Ahora agregue removiendo la harina, sal, y polvo para hornear.Mezcle bien.No debe haber grumos.
4. Vierta esta mezcla en la cacerola o tazón para soufflé que preparó.Cubra bien con papel aluminio.
5. Saque su olla de cocción lenta.Vierta en ella el agua tibia.Coloque la cacerola o tazón para soufflé dentro de la olla sosteniendo los extremos de las tiras de papel aluminio.No retire las tiras de papel aluminio.
6. Ponga la tapa, encienda la olla, y déjela cocinar en posición de temperatura alta de 2 ½ a 3 horas o hasta que el termómetro marque 170°C (338°F).
7. Cuando se haya completado el ciclo de cocción, destape y retire la cacerola de la olla sosteniendo los extremos de las tiras de papel aluminio.Apague la olla de cocción lenta.
8. Deje enfriar durante 30 minutos sobre una rejilla.
9. Corte el brownie en porciones individuales.Adorne cada brownie con su topping o aderezo y fresas frescas.
10. Sirva, y disfrute el delicioso postre.

3. Pastel de queso y limón sin corteza

¿Le sucede que siempre se le antoja mucho el postre cuando ha terminado su comida, pero también le molesta la cantidad de calorías?No se preocupe, y no se confunda; opte por postres que sean tan deliciosos como saludables, de tal forma que no sienta culpa por las calorías que ingiere.Aquí le presentamos la receta de un postre tan saludable, sabroso y con tan rico sabor a cítrico, que será una muy buena adición a su menú de postres.Le encantará esta receta de pastel de queso y limón cuando la prepare usted misma.Pruébela, y sentirá un placer celestial.

Tiempo de preparación: 20 minutos
Tiempo de cocción: 2 – 3 horas
Tiempo de enfriado:4 – 24 horas
Tamaño recomendado para la olla:3 ½ - 5 cuartos
Porciones: 8

Ingredientes:

- Queso crema (suavizado) =12 onzas (336 gramos)
- Azúcar =½ taza (100 gramos)
- Jugo de limón = 2cucharadas (30 ml)
- Harina =1 cucharadita (8 gramos)
- Vainilla =½ cucharadita (2.5 ml)
- Crema ácida =½ taza (120 gramos)
- Huevos (ligeramente batidos) =3

- Cáscara de limón (finamente rallada) =2 cucharaditas (10 gramos)
- Agua tibia =1 taza (235 ml)
- Frambuesas frescas (opcional)
- Hojas de menta fresca (opcional)
- Aceite en aerosol para cocinar
- Papel aluminio grueso

¡A cocinar!:

1. Tome una cacerola o tazón para soufflé de capacidad de 1 cuarto (950 ml) y rocíe ligeramente su interior con aceite en aerosol.Corte una pieza de 18x12 pulgadas (45 x 30 cm) de papel aluminio a la mitad por su lado largo.Doble cada pieza en tres, otra vez a lo largo.Coloque las dos tiras en forma de cruz y coloque la cacerola en el centro de esta cruz.Aparte y reserve por el momento.
2. Es momento de preparar la masa.En un tazón grande combine el queso crema, azúcar, harina, jugo de limón, y vainilla.Mezcle bien con batidora eléctrica a velocidad media.Revise que la mezcla no tenga grumos.Incorpore la crema ácida y bata hasta mezclar bien.
3. Agregue los huevos y mezcle a velocidad baja.Finalmente agregue la cáscara de limón.
4. Vierta esta mezcla en la cacerola o tazón para soufflé que preparó.Cubra bien con papel aluminio.
5. Saque su olla de cocción lenta.Vierta en ella

el agua tibia.Coloque la cacerola o tazón para soufflé dentro de la olla sosteniendo los extremos de las tiras de papel aluminio.No retire las tiras de papel aluminio.
6. Ponga la tapa, encienda la olla, y déjela cocinar en posición de temperatura alta de 2 ¼ a 2 ¾ horas o hasta que el centro del pastel esté firme.Puede insertar un palillo para revisar si está listo.Si al retirarlo está limpio, su pastel está cocinado.
7. Cuando se haya completado el ciclo de cocción, destape y retire la cacerola de la olla sosteniendo los extremos de las tiras de papel aluminio.Apague la olla de cocción lenta.
8. Deseche el papel aluminio.Deje enfriar el pastel sobre una rejilla unos minutos.Cubra y refrigere entre 4 y 24 horas.
9. Saque el pastel de queso y limón frío justo antes de servir.Corte en porciones individuales.Si lo desea, adorne con frambuesas frescas y/o hojas de menta, y sirva.

4. Budín de pan de chocolate

Es una receta de postre tal, que hasta un niño puede cocinarla.Tal vez ya haya probado el budín de pan; sin embargo, este budión de pan en particular tiene una sorpresa.Tiene una salsa cremosa de moca que redefine el sabor del budín y promete máxima satisfacción.Este postre chocolatoso es el perfecto toque final para una comida tardía en un frío día de invierno.Le da un agradable calor y su sabor durará en su paladar, dándole una cálida y confortable sensación. Prepare ya y pruebe esta receta.
Tiempo de preparación:20 minutos
Tiempo de cocción:2 ½ horas
Tiempo de reposo:30 minutos
Tamaño recomendado para la olla:3 ½ - 4 cuartos
Porciones:8

Ingredientes:

- Leche (desnatada) =3 tazas (720 ml)
- Trozos de chocolate (amargo o semiamargo) =¾ taza (120 gramos)
- Cocoa en polvo (endulzada) =¾ taza (90 gramos)
- Sustituto de huevo o huevo líquido (fresco o precongelado -descongelado) =¾ taza (170 gramos), o huevos frescos (ligeramente batidos) =3

- Semillas de chía =3 cucharadas (30 gramos)
- Cubos de pan multigrano (bajo en calorías, cubos de ½ pulgada, secos) =5 tazas (280 gramos)
- Salsa 'Crema' de moca =1 receta
- Aceite en aerosol para cocinar

¡A cocinar!:
1. Saque su olla de cocción lenta. Rocíe una capa ligera de aceite en aerosol en el interior de la vasija. Alternativamente, puede cubrir el interior de la vasija con un forro desechable para olla de cocción lenta, y aplicar el aceite en aerosol al forro. Aparte la olla por el momento.
2. Caliente la leche en una cacerola mediana a fuego medio hasta que esté caliente, pero no deje que hierva. Retire del fuego.
   Agregue los trozos de chocolate y la cocoa en polvo a la leche caliente (no necesita revolver). Deje reposar 5 minutos. Bata suavemente con un batidor de globo hasta lograr una mezcla uniforme. De nuevo deje reposar durante 10 minutos.
3. En un tazón grande combine los huevos batidos o huevo líquido, semillas de chía, y la mezcla de leche con chocolate. Mezcle bien.
4. Deje caer suavemente los cubos de pan en esta mezcla.
5. Vierta todo a la olla de cocción lenta

previamente preparada.
6. Ponga la tapa, encienda la olla, y deje cocinar a temperatura baja durante 2 ½ horas o hasta que al insertar un palillo o cuchillo en el budín, salga limpio.La mezcla debería subir de volumen.
7. Apague la olla de cocción lenta.
8. Retire el forro y repose todo sobre una rejilla.Deje enfriar sin cubrir durante 30 minutos.El budín se reduce de tamaño cuando enfría.
9. Sirva con una cuchara en tazones de postre.Vierta un poco de salsa 'crema' de moca sobre cada uno, y sirva.

5. Compota de fruta con especias

La compota de fruta es un perfecto postre europeo, que se acostumbra al final del almuerzo o merienda en los días de verano.Puede servirla caliente o fría.Puede ser flexible con las frutas.De hecho, puede usar cualquier fruta que desee.También puede agregar las especias que le gusten.Se trata sin duda de un postre muy saludable y satisfactorio que cualquiera puede disfrutar en cualquier momento.Puede agregar una bola de helado, o azúcar con canela o vainilla, o cualquier otra cosa que le guste, y combinará perfecto.La siguiente receta le mostrará lo fácil que es de preparar. ¡Inténtelo!

Tiempo de preparación:15 minutos
Tiempo de cocción: 6 – 8 horas
Tamaño recomendado para la olla:3 ½ - 4 cuartos
Porciones:10

Ingredientes:

- Peras (medianas, peladas, descorazonadas y en cubos) =3
- Piña en trozos (enlatada, sin escurrir) =1 lata de 15 ½ onzas (435 gramos)
- Albaricoques (chabacanos) (secos, en cuartos) =1 taza (190 gramos)
  Concentrado de jugo de naranja (congelado) =3 cucharadas (45 ml)

- Azúcar morena (apretada) =2 cucharadas (22 gramos)
- Tapioca de cocción rápida =1 cucharada (11 gramos)
- Jengibre fresco (rallado) =1 cucharadita (1 gramo), o jengibre (en polvo) =½ cucharadita (1 gramo)
- Cerezas oscuras dulces sin hueso (congeladas, sin endulzantes artificiales) =2 tazas (450 gramos)
- Coco (ralladura, tostado) (opcional)
- Nuez pecana o de macadamia (picada y tostada) (opcional)

¡A cocinar!:
1. Saque su olla de cocción lenta. Acomode las peras, piña en trozos, albaricoques, concentrado de jugo de naranja, tapioca, azúcar morena, y jengibre (rallado o en polvo) en la vasija.
2. Cierre la tapa, encienda la olla y cocine a temperatura baja de 6 a 8 horas o bien a la temperatura más alta de 3 a 4 horas.

Al finalizar el ciclo, agregue las cerezas y revuelva.

3. ¡El postre está listo! Sirva en tazones de postre, adorne con nueces y ralladura de coco si lo desea.

6. Budín de arroz

El budín de arroz es particularmente famoso en países asiáticos.Sin embargo, es un postre que de disfruta en todo el mundo.La percepción o adaptación de este postre varía dependiendo de la zona geográfica en que se prepara y sirve.Sus ingredientes principales son leche, arroz, y azúcar.Puede ser flexible con el resto de los ingredientes.Puesto que se trata de un platillo dulce, añadirá algunas calorías extra a su dieta.Pero estará bien siempre que no lo coma todos los días... aunque es difícil resistir la tentación.Veamos la receta de este postre asiático tan fácil de preparar.

Tiempo de preparación:10 minutos
Tiempo de cocción: 2 – 3 horas
Tamaño recomendado para la olla:3 ½ - 4 cuartos
Porciones: 12

Ingredientes:
- Arroz (precocido) =4 tazas (630 gramos)
- Leche evaporada =1 lata de 12 onzas (360 ml)
- Leche =1 taza (240 ml)
- Azúcar =1/3 taza (150 gramos)
- Agua =¼ taza (~ 60 ml)
- Mezcla de uva pasa, arándanos deshidratados, y/o cerezas (deshidratadas) =1 taza (160 gramos)

- Mantequilla (acremada) =3 cucharadas (42 gramos)
- Vainilla o pasta de vainilla =1 cucharada (15 gramos)
- Canela (en polvo) =1 cucharadita (2.3 gramos)
- Aceite en aerosol para cocinar

¡A cocinar!:
1. Saque su olla de cocción lenta, rocíe una capa ligera de aceite en aerosol en el interior de la vasija.Apártela por el momento.
2. En un tazón grande combine el arroz precocido, leche, azúcar, leche evaporada, y agua.Mezcle bien.

Agregue las uvas pasas, mantequilla acremada, vainilla, y canela.

3. Vierta esta mezcla a la olla de cocción lenta preparada.
4. Cierre la tapa, encienda la olla y cocine a temperatura baja de 2 – 3 horas.
5. Cuando haya terminado el ciclo de cocción, abra la tapa, divida y transfiera el budín de arroz en tazones de postre.
6. El delicioso budín de arroz está listo.Sólo le queda saborearlo.

7. Budín de pan a la choconuez

Es muy aconsejado incorporar nueces en nuestra dieta.Esto se debe a que tienen muchos beneficios para la salud, por ejemplo, sus propiedades anticancerígenas, previenen enfermedades coronarias, diabetes, problemas reproductivos en varones, etc.; ayudan a bajar de peso y contienen antioxidantes.Entonces, ¿no sería excelente si pudiéramos incluir nueces en nuestro postre?Sin duda suena muy bien.Así, he aquí otro budín de pan con chocolate cuyo ingrediente principal son nueces.Es extremadamente fácil de hacer.Veamos ahora la receta.

Tiempo de preparación:20 minutos
Tiempo de cocción: 2 ½ horas
Tiempo de reposo:30 minutos
Tamaño recomendado para la olla:3 ½ - 4 cuartos
Porciones:8

Ingredientes:
- Nueces (picadas) =½ taza (60 gramos)
- Leche =3 tazas (720 ml)
- Chocolate troceado (semidulce) =¾ taza (90 gramos)
- Cocoa en polvo (pre endulzada) =¾ taza (90 gramos)
- Huevos (ligeramente batidos) =3

- Pan dulce hawaiano o rollos de canela (en cubos, seco, sin uva pasa) =5 tazas (280 gramos)
- Salsa de crema de café1 receta
- Aceite en aerosol para cocinar

¡A cocinar!:
1. Saque su olla de cocción lenta, rocíe una capa ligera de aceite en aerosol en el interior la vasija.Déjela a un lado.
2. Caliente la leche en una cacerola mediana a fuego medio hasta que esté caliente, pero no deje que hierva.Retire del fuego.

Agregue los trozos de chocolate y la cocoa en polvo a la leche caliente (no necesita revolver).Deje reposar 5 minutos.Bata suavemente con un batidor de globo hasta lograr una mezcla uniforme.De nuevo deje reposar durante 10 minutos.

3. En un tazón grande, combine los huevos batidos con la mezcla de chocolate.
4. Deje caer suavemente los cubos de pan y las nueces en esta mezcla.
5. Vierta la mezcla de pan en la olla de cocción lenta preparada.
6. Ponga la tapa, encienda la olla, y deje cocinar a temperatura baja durante 2 ½ horas o hasta que al insertar un palillo o cuchillo en el budín, salga limpio.La mezcla debería subir de volumen.
7. Retire el forro y repose sobre una rejilla.Deje

enfriar sin cubrir durante 30 minutos. El budín baja su volumen cuando se enfría.
8. Sirva con una cuchara en tazones de postre. Vierta un poco de salsa de crema de café, y sirva.

8. Pastel de queso y fresa

Siempre que tenga fiesta en casa, considere preparar este cremoso y delicioso pastel de queso y fresa para el postre.Tenga por seguro que su esfuerzo será bien agradecido.Es perfecto para una ocasión especial.Así que no olvide prepararlo en el cumpleaños de su pareja, o en su aniversario. ¡Sin duda le encantará!Con una olla de cocción lenta a la mano, si puede preparar este postre especial, puede incluso hacer de su sencilla cena normal, una velada romántica.El queso crema en este platillo es mágico.Quienquiera que lo pruebe se volverá loco por este postre que hace agua la boca. ¿Qué espera para prepararlo?¡Pruébelo ya!
Tiempo de preparación:15 minutos
Tiempo de cocción: 5 horas
Tiempo de reposo:45 minutos – 1 hora
Tiempo de enfriado:2 – 3 horas
Tamaño recomendado para la olla:6 cuartos
Porciones:2

Ingredientes:

- Galletas Graham =4
- Mantequilla =1 cucharada (14 gramos)
- Queso crema =1 paquete de 8 onzas (224 gramos)
- Huevo =1
- Miel =1 cucharada (18 gramos)

- Jalea de fresa =2 cucharadas (40 gramos)
- Sal = ¼ cucharadita (1.2 gramos)
- Fresas frescas (rebanadas, para adornar)
- Agua =2 tazas (470 ml)

¡A cocinar!:

1. Necesitará un procesador de alimentos.Coloque las galletas en este y pulverice por completo.Agregue la mantequilla y mezcle hasta que quede bien integrado.
2. Necesitará 2 ramekins.Divida la mezcla de galleta en dos partes iguales.Presione esta mezcla en el fondo de cada uno de los ramekins.

Ahora prepare la masa en el mismo procesador.Ponga ahí el queso crema, la miel, huevo, sal, y la jalea.Bata hasta obtener una mezcla uniforme.Divida esta en dos partes iguales y vierta en los ramekins.Si es necesario, utilice una espátula para sacar toda la mezcla.

3. Vierta agua en la olla de cocción lenta.Coloque en ella ambos ramekins.
4. Ponga la tapa, encienda la olla, y déjela cocinar en posición de temperatura baja de 1 ½ a 2 ¾ horas o hasta que el pastel esté bien cocido.
5. Cuando haya terminado el ciclo de cocción, apague la olla y retire la tapa.Deje los ramekins dentro de la olla de cocción lenta

de 45 a 60 minutos para que enfríen.Después, retírelos.
6. Enfríe en el refrigerador durante un mínimo de 2 a 3 horas, saque, adorne con fresas frescas, y sirva.

9. Cobbler (tarta invertida) de durazno

Hay muchos tipos de cobbler.Es un platillo horneado muy popular sobre todo en los Estados Unidos y en el Reino Unido.Pero las versiones de cobbler de Estados Unidos y del Reino Unido son diferentes entre sí.En Estados Unidos el cobbler es una tarta de corteza gruesa rellena de cualquier fruta o combinación de frutas y una capa superior de masa para panqué.Entre los muchos cobblers de fruta, uno muy famoso es el 'Cobbler de durazno'.Si le encanta hornear, seguramente disfrutará preparar este platillo en su olla de cocción lenta.Y si hornear es algo nuevo para usted, igualmente no hay razón para preocuparse, porque el trabajo duro lo hará su maravillosa olla de cocción lenta.Así que no hay pretexto: prepare esta receta y termine su merienda con un dulce toque.

Tiempo de preparación:20 minutos
Tiempo de cocción: 3 horas
Tamaño recomendado para la olla:6 cuartos (5.7 litros)
Porciones:8

Ingredientes:

- Duraznos (frescos o congelados, pelados y en rebanadas) =4 tazas (900 gramos)
- Azúcar =¼ taza (50 gramos) + ½ taza (100 gramos)
- Mezcla original para bísquets =1 taza (120

gramos)
- Leche =1 taza (240 ml)
- Nata montada (crema batida) o helado (del sabor de su preferencia)
- Aceite en aerosol para cocinar

¡A cocinar!:
1. Saque su olla de cocción lenta, rocíe una capa ligera de aceite en aerosol en el interior la vasija.
2. En un tazón grande, combine las rebanadas de durazno y ¼ taza/50 gramos de azúcar.Sacuda para mezclar bien.Vierta esta mezcla en la olla de cocción lenta.

En otro tazón mediano, combine la mezcla para bísquets, ½ taza/100 gramos de azúcar, y la leche.Bata hasta mezclar bien.Revise que la mezcla no tenga grumos.Vierta esta mezcla sobre los duraznos en la olla de cocción lenta.

3. Ponga la tapa, encienda la olla, y déjela cocinar en posición de temperatura baja durante 3 horas o hasta que los duraznos al centro estén bien cocidos.
4. ¡Su cobbler de durazno está listo!Retírelo de la olla con una cuchara para servir, y presente acompañado de helado.Sin duda tendrá un sabor exquisito.

10. Fondue de chocolate

¿Le gustaría escabullirse en una tarde helada? ¿Qué podría ser más emocionante que una olla de fondue de chocolate derretido?Y para tener esto en sus manos, no necesita correr a un restaurant.Lo puede preparar y comerlo mientras reposa en su rincón favorito de casa.Lo único que necesita para preparar este elegante postre en casa es una olla de cocción lenta, cuatro ingredientes, y 15 minutos de preparación. Podrá bañar con este chocolate derretido trozos de cualquier fruta que tenga en casa, llevárselos a la boca, y disfrutar de este especial placer divino.Y la receta para este fabuloso y elegante postre está aquí mismo. ¡Esperamos que se divierta preparando este rico postre!

Tiempo de preparación:15 minutos
Tiempo de cocción:1 hora
Tamaño recomendado para la olla:6 cuartos (5.7 litros)
Porciones:8

Ingredientes:

- Chocolate oscuro para cocinar (en trozos muy pequeños) =1 barra de 8 onzas (224 gramos)
- Nata montada (crema batida) =½ taza (120 gramos)
- Mantequilla =½ taza (112 gramos)

- Licor (sabor café, crema irlandesa, o amaretto) =1 cucharadita (5 ml)
- Fruta fresca variada (por ejemplo: fresas, etc.), galletas o malvaviscos

¡A cocinar!:
1. Saque su olla de cocción lenta y vierta en ella 2 tazas de agua.
2. Necesitará 2 ramekins. Divida el chocolate, nata montada, mantequilla, y licor a partes iguales y póngalas en cada uno de los ramekins.
3. Coloque en la olla ambos ramekins.
4. Ponga la tapa, encienda la olla, y déjela cocinar en posición de temperatura baja de 45 a 60 minutos o hasta que el chocolate esté totalmente derretido.
5. Cuando el ciclo de cocción haya terminado, deje reposar un momento y después retire los ramekins de la olla de cocción lenta.

Revuelva bien el fondue de chocolate con una cuchara. Sirva con frutas variadas o malvaviscos o galletas, o con cualquier otra cosa que piense que combine con este postre.

11. Budín de pan y chocolate blanco

¿Tiene en casa algunos restos de pan y un poco de chocolate blanco?Puede hacer con ellos un reconfortante postre y consentirse con un maravilloso platillo dulce para terminar su comida.Así es, puede preparar budín de pan de chocolate blanco muy fácilmente si tiene a la mano una olla de cocción lenta.Una vez que lo pruebe, será su postre favorito, y preparar este postre será sin duda su pasatiempo preferido.Veamos la receta y planeemos prepararlo.

Tiempo de preparación:10 minutos
Tiempo de cocción: 3 ½ – 4 horas
Tamaño recomendado para la olla:3 – 4 cuartos
Porciones:8

Ingredientes:

- Cubos de pan francés =6 tazas (336 gramos)
- Barra de chocolate blanco para cocinar (troceado) =1 paquete de 6 onzas (168 gramos)
- Huevo líquido (sin grasa) =1 taza (228 gramos)
- Agua tibia =¾ taza (175 ml)
- Vainilla =1 cucharadita (5 ml)
- Leche condensada (endulzada, no evaporada) =1 lata de 14 onzas (420 ml)
- Aceite en aerosol para cocinar

¡A cocinar!:
1. Saque su olla de cocción lenta, rocíe una capa ligera de aceite en aerosol en el interior de la vasija.
2. Primero coloque los cubos de pan francés en el fondo de la vasija de su olla de cocción lenta.Distribuya los trozos de chocolate sobre de ellos.

En un tazón pequeño combine el huevo líquido, la vainilla, y la leche condensada.Mezcle bien.Vierta sobre los cubos de pan y los trozos de chocolate dentro de la olla.

3. Ponga la tapa, encienda la olla, y deje cocinar a temperatura baja de 3 ½ a 4 horas o hasta que al insertar un palillo o cuchillo en el budín, salga limpio.
4. Cuando haya terminado el ciclo de cocción, corte y sirva porciones de budín con una cuchara directamente de la olla.

12. Cobbler de zarzamora con pan de maíz

Aquí tiene otra recete para cobbler de fruta.Y también ésta le encantará.El cobbler de zarzamora es un postre muy apreciado y famoso en todo el mundo, debido a su apariencia atractiva y sabor delicioso.Este cobbler de zarzamora en particular cuenta con el dulzor del pan de maíz y panqué.También tiene sabor a canela.Y sabe increíble cuando se acompaña con nata montada y helado.Así que usted debe probar esta receta.Teniendo a la mano una olla de cocción lenta, resulta muy sencillo prepararla.Prepare este postre para una ocasión especial.Olvídese de contar las calorías por un día y consiéntase con esta deliciosa tentación.

Tiempo de preparación:10 minutos
Tiempo de cocción: 2 horas
Tamaño recomendado para la olla:4 ½ cuartos
Porciones:8

Ingredientes:

- Zarzamoras (congeladas) =1 bolsa de 16 onzas (448 gramos)
- Harina =1 cucharada (8 gramos)
- Azúcar =½ taza (100 gramos)
- Mantequilla (derretida) =½ taza (112 gramos)
- Mezcla para pan de maíz y panqué =1 bolsa de 6.5 onzas (180 gramos)
- Canela (en polvo) =1 cucharadita (2.3

gramos)
- Nata montada (crema batida) y/o helado (según sea necesario)
- Aceite en aerosol para cocinar para hornear

¡A cocinar!:
1. Saque su olla de cocción lenta, rocíe una capa ligera de aceite en aerosol en el interior de la vasija.
2. Distribuya las zarzamoras en el fondo de la vasija.

Rocíe la harina y un poco azúcar (3 cucharadas/37.5 gramos) sobre las zarzamoras.Revuelva suavemente hasta cubrir las moras con el harina y azúcar.
3. En un tazón pequeño, combine la mantequilla derretida, el resto del azúcar, la mezcla para pan de maíz y la canela.Con esta mezcla prepare una masa.Unte la masa sobre las zarzamoras con azúcar dentro de la olla.
4. Ponga la tapa, encienda la olla, y deje cocinar en posición de temperatura baja de 2 a 3 horas o hasta que la superficie de la masa esté lista y las zarzamoras formen una salsa.
5. Cuando haya terminado el ciclo de horneado, con un cucharón sirva cada porción de la olla a un tazón o plato.Antes de servir, ponga encima nata montada y/o helado.

13. Mantequilla de manzana en olla de cocción lenta

La mantequilla de manzana puede ser un buen elemento para sus postres.Puede servirla con galletas o panecillos.Puede usarla de muchas maneras.Se prepara concentrando puré de manzana junto con manzanas crudas durante un largo proceso de cocción en el que el contenido de azúcar de la manzana se carameliza, dándole un tono marrón oscuro. Se conserva por mucho tiempo gracias a su contenido concentrado de azúcar.Utilice este versátil electrodoméstico, la olla de cocción lenta, y prepare este rico postre.Haga una buena cantidad para que lo pueda usar frecuentemente en sus postres. ¿No le parece asombroso?¡Seguro que sí!Veamos ahora la receta.
Tiempo de preparación:30 minutos
Tiempo de cocción: 12 horas
Tamaño recomendado para la olla:6 cuartos (5.7 litros)
Porciones:Depende del uso que se le dé.

Ingredientes:

- Manzanas Granny Smith, Fuji, o Honey Crisp, o una combinación de todas (peladas, descorazonadas, y rebanadas) =6 ½ libras (182 gramos)
- Puré de manzana (sin azúcar) = 50 onzas (1.4 kg)
- Azúcar (granulada) =1 taza (200 gramos)

- Azúcar mascabado (morena) =1 taza (170 gramos)
- Jugo de manzana =1 ½ tazas (375 ml)
- Canela (en polvo) =1 cucharadita (2.3 gramos)
- Clavo (en polvo) =¼ cucharadita (0.5 gramo)
- Sal = ¼ cucharadita (1.2 gramos)
- Allspice (molida) o nuez moscada (molida) =½ cucharadita (1.1 gramos)
- Extracto de vainilla =1 cucharada (5 ml)

¡A cocinar!:

1. Pele las manzanas, descorazónelas, y córtelas en lajas pequeñas.
2. Coloque todos los ingredientes dentro de la olla de cocción lenta. Revuelva bien.

Cierre la tapa, encienda la olla y cocine a temperatura baja durante 10 horas o toda la noche.

3. Una vez terminado el ciclo de cocción, abra la tapa e integre el extracto de vainilla. Tome un poco de la mantequilla con una cuchara y pruébela.
4. Ajuste el azúcar y condimentos si es necesario.
5. Siga cocinando sin tapar unas horas más hasta que el líquido se minimice y la mantequilla se cocine un poco más y adquiera un tono marrón oscuro.
6. Apague la olla de cocción lenta.
7. Vierta la mantequilla en un contenedor

esterilizado y refrigere.
8. Cuando desee utilizarla para postre, saque del refrigerador unos minutos antes.

14. Dulce de chocolate y cacahuate (maní)

Estos dulces de chocolate y cacahuate son perfectos para los días festivos.En estos días, por lo general no acude al trabajo, pero se ocupa con tareas del hogar o se rodea de parientes, amistades, invitados, etc.Así que tendrá aún menos tiempo para cocinar.Pero será agradable ofrecer postre a sus invitados al finalizar las comidas.Y aquí tiene una sabrosa solución para esto.Con una olla de cocción lenta a la mano, puede tener este rico y crujiente dulce de chocolate y cacahuate listo para ser servido.Y ni siquiera tiene que invertir mucho tiempo haciéndolo.La olla de cocción lenta se encargará de todo el trabajo.Solo necesita acomodar los pocos ingredientes que lleva, y relajarse.

Tiempo de preparación:5 minutos
Tiempo de cocción: 3 horas
Tiempo de reposo:20 minutos
Tamaño recomendado para la olla:4 cuartos (2.8 litros)
Porciones:15 - 20

Ingredientes:

- Cacahuates (maní) (tostados y salados) =2 libras (908 gramos)
- Chocolate dulce alemán =4 onzas / aprox. 4 cuadros (112 gramos)
- Chispas de chocolate semidulces =1 paquete de 12 onzas / aprox. 2 tazas (336 gramos)

- Palanqueta de chocolate blanco y almendra =2 ½ libras (1.2 kg)
- Capacillos para cupcake (según sea necesario)

¡A cocinar!:
1. Saque su olla de cocción lenta. Acomode los cacahuates en el fondo.
2. Coloque sobre de ellos una capa de los chocolates dulces. Después distribuya sobre de eso el chocolate semidulce. Finalmente agregue la palanqueta de almendra. No es necesario revolver.

Cierre la tapa, encienda la olla y cocine a temperatura baja durante 3 horas.

3. Una vez finalizado el ciclo de cocción, revuelva la mezcla con una cuchara de madera. Saque aproximadamente dos cucharadas del dulce de chocolate y cacahuate y viértalo en cada uno de los capacillos.
4. Deje enfriar el dulce de chocolate al menos 20 minutos, después retire de los capacillos. También puede dejarlo en los capacillos.
5. El delicioso y crujiente dulce de cacahuate y chocolate ya está listo para ser servido. Prepárese para que le feliciten por este asombroso postre.

15. Pastel volteado de piña

El pastel volteado de piña es un postre clásico estilo retro que puede inspirar memorias de la niñez y hacer de su cena un evento enteramente delicioso.Las piñas suaves como mantequilla, intensas y caramelizadas, son la atracción especial de este postre que ganará su corazón.Y le gustará aún más saber que puede prepararlo en casa con gran facilidad si tiene una olla de cocción lenta.Así que pruebe este suculento postre que hará que su cena sea especial y totalmente satisfactoria.

Tiempo de preparación:15 minutos
Tiempo de cocción: 3 horas
Tiempo de reposo:15 minutos
Tamaño recomendado para la olla:6 cuartos (5.7 litros)
Porciones:12

Ingredientes:

- Azúcar mascabado (compacta) =1 taza (170 gramos)
- Mantequilla (derretida) =¼ taza (56 gramos)
- Piña (en rebanadas, escurrida, reserve el jugo) =1 lata de 20 onzas (560 gramos)
- Cerezas marrasquino (sin tallo, escurridas) =10
- Harina preparada para pastel amarillo =1 caja
- Huevos =2

- Aceite vegetal
- Aceite en aerosol para cocinar

¡A cocinar!:
1. Saque su olla de cocción lenta, rocíe una capa ligera de aceite en aerosol en el interior de la vasija.
2. En un tazón pequeño mezcle bien el azúcar mascabado con la mantequilla (derretida).Use un procesador de alimentos si es necesario.Unte esta mezcla en el fondo de la olla de cocción lenta.

Ahora coloque las rebanadas de piña formando una sola capa sobre la mezcla de mantequilla dentro de la olla.Coloque una cereza en el centro de cada rebanada de piña y también en los espacios entre rebanadas, si lo desea.

3. Vierta dentro de una taza el jugo de piña que reservó y agregue el agua necesaria para llenar la taza.
4. Prepare la harina para pastel según las instrucciones en la caja.Solo reemplace el agua con el jugo de piña diluido.Bata los huevos e incorpore a la masa.Vierta esta masa sobre las rebanadas de piña y las cerezas en la olla de cocción lenta.
5. Ponga la tapa, encienda la olla, y deje cocinar a temperatura alta de 2 ½ a 3 horas o hasta que al insertar un palillo o cuchillo en el centro del pastel, salga limpio.

6. Apague la olla y retire la tapa.Retire la vasija de cerámica de la base de la olla y deje enfriar sobre una rejilla aproximadamente 15 minutos.
7. Ahora coloque un platón resistente al calor invertido sobre la vasija.Voltee todo junto cuidadosamente.Retire la vasija de cerámica.Ahora el pastel está en el plato con las piñas y cerezas adornando la parte superior.
8. Corte en rebanadas y sirva.

16. Pastel de zanahoria en olla de cocción lenta

Se trata tal vez del postre más convencional y tradicional, y a la vez el más popular de todos.No podrá olvidar el sabor y la tentación de un pastel de zanahoria hecho en olla de cocción lenta.Pruébelo y verá.Es suave, húmedo, y lleno de sabor.Las zanahorias ralladas le dan una agradable textura y excelente sabor al pastel.Puede comerlo en cualquier temporada y cualquier momento.Prepare este postre favorito de todo el mundo en casa, y disfrútelo.

Tiempo de preparación:45 minutos
Tiempo de cocción:2 ½ horas
Tamaño recomendado para la olla:3 cuartos (2.8 litros)
Porciones:12

Ingredientes:

- Azúcar =1 taza (200 gramos)
- Huevos =2
- Agua =¼ taza (~ 60 ml)
- Aceite vegetal =1/3 taza (75 gramos)
- Harina =1 ½ tazas (195 gramos)
- Extracto de vainilla =1 cucharadita (5 ml)
- Polvo para hornear = 1 cucharadita (5 gramos)
- Bicarbonato = ½ cucharadita (3.5 gramos)
- Canela (en polvo) =1 cucharadita (2.3 gramos)

- Zanahorias (ralladas, compactas) =1 taza (90 gramos)
- Nata montada (crema batida) (para adornar)
- Aceite en aerosol para cocinar

¡A cocinar!:
1. Saque su olla de cocción lenta, rocíe una capa ligera de aceite en aerosol en el interior de la vasija.
2. En un tazón pequeño mezcle los huevos, aceite vegetal, y agua.Mezcle bien hasta tener una mezcla homogénea.

Añada la harina, polvo de hornear, bicarbonato, vainilla, y canela en polvo.Una vez más, incorpore bien.

3. Agregue las zanahorias ralladas.Mezcle a mano hasta que todas las zanahorias estén uniformemente distribuidas en la masa.
4. Vierta la masa en la olla de cocción lenta previamente engrasada.Permita que se distribuya uniformemente sobre el fondo de la olla.
5. Cierre la tapa, encienda la olla y cocine a temperatura baja de 2 – 3 horas.Revise si el pastel está listo insertando un palillo en el centro para ver si sale limpio.
6. Retire la vasija de cerámica de la base y deje enfriar sobre una rejilla.
7. Rebane y sirva en platos individuales.Puede decorar los pasteles con nata montada antes de servir.

17. Pastel de limón y semilla de amapola

Este pastel es dulce, sencillo y tiene un sabor a limón verdaderamente exquisito.La textura de este pastel le hará agua la boca y seguramente ganará su corazón para siempre.Hágalo en casa con su olla de cocción lenta y déjese llevar con el delicioso sabor que resultará.No olvide cultivar su habilidad decoradora, con la que hará a este pastel aún más atractivo tanto para el ojo como para el paladar.Lea la receta y prepárese para hacerla ya.
Tiempo de preparación:20 minutos
Tiempo de cocción: 2 horas
Tiempo de reposo:15 minutos
Tamaño recomendado para la olla:3 cuartos (2.8 litros)
Porciones:4

Ingredientes:
- Harina =1 ¾ taza (228 gramos)
- Harina de maíz amarilla =½ taza (83 gramos)
- Polvo para hornear = 1 cucharadita (5 gramos)
- Bicarbonato = 1 cucharadita (7 gramos)
- Sal kosher =¼ cucharadita (1.2 gramos)
- Mantequilla (sin sal, a temperatura ambiente) =12 cucharadas / 1 ½ barrita (168 gramos)
- Azúcar (granulada) =1 ¼ tazas (250 gramos) +

6 cucharadas (84 gramos)
- Huevos =2 grandes
- Crema ácida =1 taza (240 gramos)
- Extracto de vainilla puro =½ cucharadita (2.5 ml)
- Ralladura de limón = 1cucharada (15 gramos)
- Jugo de limón = 2cucharadas (30 ml)
- Semillas de amapola =1 cucharadita (2.8 gramos)
- Azúcar glass =1 cucharada (8 gramos)
- Nata montada (crema batida) (para adornar)
- Capacillos para cupcake (los necesarios) o papel para hornear (para recubrir la vasija)

¡A cocinar!:
1. En un tazón combine la harina, polvo para hornear, bicarbonato, harina de maíz, y sal.Combine bien con un batidor de globo.
2. Mezcle la mantequilla y 1 ¼ tazas (250 gramos) de azúcar granulada con una batidora eléctrica a velocidad media.Asegúrese de que la mezcla quede bien cremosa.Agregue los huevos y bata hasta incorporar.

En seguida añada la vainilla, ralladura de limón, crema ácida y semillas de amapola.Mezcle con batidora.Reduzca la velocidad de la batidora a bajo y lentamente incorpore la mezcla de harina.Ya está lista la masa del pastel.

3. Coloque una pieza de 15 pulgadas de papel

para hornear en el fondo de la olla de cocción lenta.Vierta en ella la masa.Alternativamente pude usar capacillos de cup cake, poner en cada uno dos cucharadas de masa, y colocarlos dentro de la olla de cocción lenta.

4. Ponga la tapa, encienda la olla, y deje cocinar a temperatura alta durante 2 horas o hasta que al insertar un palillo o cuchillo en el centro del pastel, salga limpio.
5. En un tazón pequeño mezcle el jugo de limón y las 6 cucharadas (84 gramos) restantes de azúcar granulada.Salpique con este jugo dulce el pastel.
6. Saque el pastel sosteniendo los lados del papel para hornear o bien retire la vasija con los cupcakes y colóquela en una rejilla para dejar enfriar.Pasados unos 15 minutos, rocíe el azúcar glass y unte la nata montada sobre el pastel antes de servir.

18. Pastel de queso y crema ácida

Nadie puede escapar a la tentación de este pastel de queso suave, cremoso, y sedoso.Sencillamente se derrite en la boca y le deja un sabor intenso y satisfactorio que disfrutará por mucho tiempo.También es super fácil prepararlo en casa con una olla de cocción lenta.Planee hacerlo si espera visitas.Necesitará muy poco trabajo y le felicitarán por el postre tan delicioso.No tiene caso esperar.Veamos la receta, y probémosla.

Tiempo de preparación:20 minutos
Tiempo de cocción: 2 horas
Tiempo de reposo:2 horas
Tiempo de enfriado:4 horas
Tiempo total:8 horas 20 minutos
Tamaño recomendado para la olla:6 – 7 cuartos
Porciones:6

Ingredientes:

- Galletas Graham trituradas =¾ taza (75 gramos)
- Mantequilla (sin sal, derretida) =2 ½ cucharadas (35 gramos)
- Canela (en polvo) =¼ cucharadita (0.5 gramo)
- Azúcar =2/3 taza (120 gramos) + 1 cucharada (12.5 gramos)
- Queso crema (a temperatura ambiente) =12

onzas (336 gramos)
- Harina =1 cucharada (8 gramos)
- Huevos =2 grandes
- Extracto de almendra (puro) =1 cucharadita (5 ml)
- Crema ácida =1 taza (240 gramos)
- Sal

¡A cocinar!:
1. En un tazón mediano combine las galletas Grahamtrituradas, la mantequilla derretida, canela en polvo, 1 cucharada (12.5 gramos) de azúcar, y una pizca de sal.Transfiera esta mezcla a un molde desmontable hondo.
2. Aparte, mezcle el queso crema con la harina, 2/3 taza (120 gramos) de azúcar, y ¼ cucharadita (1.2 gramos) de sal en una batidora a velocidad media durante 2 minutos o hasta que esté suave.Agregue los huevos y el extracto de almendra.Bata de nuevo a velocidad media hasta que esté bien incorporado.Finalmente añada la crema ácida y bata de nuevo hasta incorporar y obtener una mezcla suave y uniforme.Vierta esta mezcla en el molde desmontable.

Es momento de sacar su olla de cocción lenta.Llene la vasija con 1.2 centímetros de agua desde el fondo.Coloque una rejilla en el agua y repose sobre de esta el molde desmontable con la preparación de su pastel.Cubra la vasija con tres capas de toallas de papel y ponga la tapa.Encienda la olla y cocine a temperatura alta durante 2 horas.Aunque le sea difícil resistir, no se asome a la olla durante el ciclo de cocción.Es muy importante.

3. Una vez terminado el ciclo de cocción, apague la olla y deje enfriar durante 1 hora.
4. Retire la tapa y las toallas de papel, saque el pastel y deje reposar 1 hora más sobre una rejilla para que llegue a temperatura ambiente.
5. Ahora cubra el pastel de queso con filme plástico y refrigere durante 4 horas o hasta que esté bien frío.
6. Tome un cuchillo delgado y afilado, sumérjalo en agua caliente, deje secar.Pase el cuchillo caliente cuidadosamente por la orilla del pastel para separarlo del molde.Retire el pastel y páselo a un platón.
7. Divida en 6 u 8 rebanadas, adorne con nata montada si lo desea, y sirva.

19. Granola de manzana

Un postre crujiente y exquisito que le dará a su paladar un descanso de los postres de siempre.Con cocción lenta, las manzanas suavizan y el cereal de granola les da un tratamiento limonoso.De forma que el resultado es excepcionalmente tentador.Por otro lado, la granola está repleta de nutrientes.Así que se llama postre pero es un platillo nutritivo. ¿Qué más se puede esperar de un postre?Nutrición, sabor delicioso, y la máxima tentación, todo junto. ¿No es esta razón suficiente para probar esta receta?¡Sí que lo es!De forma que, lea la receta y prepárese para cocinarla.
Tiempo de preparación:10 minutos
Tiempo de cocción: 6 horas
Tamaño recomendado para la olla: 1 ½ cuartos
Porciones:4

Ingredientes:
- Manzanas de sabor ácido (medianas, peladas y rebanadas) =4
- Cereal de granola que contenga fruta y nueces =2 tazas (240 gramos)
- Miel =¼ taza (72 gramos)
- Mantequilla (derretida) =2 cucharadas (28 gramos)
- Canela (en polvo) =1 cucharadita (2.3 gramos)

- Nuez moscada (en polvo) =½ cucharadita (1.1 gramos)
- Topping de nata montada (opcional)

¡A cocinar!:
1. Saque su olla de cocción lenta. Acomode en ellas las manzanas y el cereal.
2. En un tazón pequeño mezcle la miel, mantequilla, nuez moscada y canela. Vierta esta mezcla sobre las manzanas y la granola dentro de la olla de cocción lenta. Revuelva bien todo con una cuchara ranurada o espumadera.
3. Cierre la tapa, encienda la olla y cocine a temperatura baja de 6 – 7 horas.
4. Cuando haya terminado el ciclo de cocción, abra la tapa, saque la granola de la olla con una cuchara, y decore con el topping montado si lo desea antes de servir.

20. Foster de banana

Las bananas siempre son bien recibidas.También son excelentes en los postres.Este es un postre especial y muy creativo.El Foster de Banana fue creado en un restaurant de Nueva Orleans, Luisiana, Estados Unidos en los años 50 (en ese tiempo, Nueva Orleans era un importante puerto para la importación de bananas).Para este postre, las bananas se cocinan con azúcar mascabado, ron, canela, etc., y se sirven con helado.Los sabores del ron, caramelo, y nueces, complementan las deliciosas bananascocidaslentamente, y hacen de este un postre elegante y con clase.Nadie se resiste a la tentación de este postre una vez que lo prueban.Y al combinar esta delicia con helado, es simplemente perfecto.También, es extremadamente fácil de hacer.Pruébelo y verá.
Tiempo de preparación:10 minutos
Tiempo de cocción: 2 horas
Tamaño recomendado para la olla:1 ½ cuartos
Porciones:5

Ingredientes:

- Bananas firmes (medianas) =5
- Azúcar mascabado (compacta) =1 taza (170 gramos)
- Mantequilla (derretida) =¼ taza (56 gramos)
- Ron =¼ taza (62 ml)

- Extracto de vainilla =1 cucharadita (5 ml)
- Canela (en polvo) =½ cucharadita (1.1 gramos)
- Nueces (picadas) =1/3 taza (40 gramos)
- Coco (rallado) =1/3 taza (33 gramos)
- Helado (sabor vainilla) o bizcocho (rebanado)

¡A cocinar!:

1. Antes que nada, corte las bananas a la mitad a lo largo y después transversalmente.Ponga una capa con los cuartos de banana en el fondo de la vasija.
2. En un tazón, combine el azúcar mascabado, la mantequilla derretida, extracto de vainilla, ron y canela en polvo.Vierta esta mezcla sobre los cuartos de banana dentro de la olla de cocción lenta.

Cierre la tapa, encienda la olla y cocine a temperatura baja durante 1 ½ horas.

3. Cuando haya terminado el ciclo de cocción, abra la tapa y espolvoree nueces picadas y coco rallado sobre el Foster de banana.Tape de nuevo y cocine media hora más.El platillo está listo.
4. Retire con cucharón y sirva.Acompañe con helado o bizcocho. Puede servirlo caliente o frío.De ambas formas es delicioso.

21. Pastel de manzana doble

¿Está buscando un postre extravagante de manzana?Es probable que lo hayamos encontrado por usted.El pastel de manzana doble es sin duda el mejor postre de manzana que cualquiera pueda probar.Se le puede disfrutar todo el año, a cualquier hora y en cualquier festejo.En este postre, el puré de manzana realza el reconfortante sabor de la manzana, y, lo que es más, sus especias (canela, nuez moscada, etc.) le añaden un toque extra de sabor.Ni un solo bocado de este pastel le aburrirá, relleno de manzanas frescas y deshidratadas, rociado con varios ingredientes indulgentes como azúcar mascabado, extracto de vainilla, suero de leche, y tantos más.Sin duda todo esto suena interesante.Así que hagamos esta receta y probémosla para verificar su exquisitez.

Tiempo de preparación:20 minutos
Tiempo de cocción:1 ½ horas
Tamaño recomendado para la olla:5 cuartos
Porciones:8

Ingredientes:

- Harina =1 ½ tazas o 6.75 onzas (190 gramos)
- Azúcar mascabado oscura (compacta) =1/3 taza (57 gramos)
- Bicarbonato = 1 cucharadita (7 gramos)
- Canela (en polvo) =1 ½ cucharaditas (3.5

gramos)
- Polvo para hornear = ½ cucharadita (2.5 gramos)
- Sal = ¼ cucharadita (1.2 gramos)
- Nuez moscada (en polvo) =¼ cucharadita (0.5 gramo)
- Clavo (en polvo) =1/8 cucharadita (0.25 gramos)
- Puré de manzana (sin endulzar) = 1taza (244 gramos)
- Suero de leche (buttermilk) (bajo en grasa) =1/3 taza (80 ml)
- Mantequilla (derretida) =¼ taza (56 gramos)
- Extracto de vainilla =1 cucharada (15 ml)
- Huevo =1 grandes
- Manzanas (deshidratadas, en rebanadas, picadas grueso) =1 taza (120 gramos)
- Azúcar glass (opcional) =1 cucharadita (3.3 gramos)
- Papel para hornear (para forrar la vasija)
- Aceite en aerosol para cocinar

¡A cocinar!:
1. Saque su olla de cocción lenta, rocíe una capa ligera de aceite en aerosol en el interior de la vasija.
2. Cubra el fondo de la vasija con papel para hornear.Corte dos tiras de 70 cm de papel para hornear y colóquelas formando una X sobre el forro que puso.Rocíe aceite en

aerosol sobre el papel también.Ahora la olla de cocción lenta está preparada para cocinar.Déjela a un lado.

En un tazón mediano combine la harina, el polvo de hornear, bicarbonato, azúcar mascabado, canela, nuez moscada, clavo, y la sal.Mezcle bien.

3. En otro tazón mezcle el puré de manzana con el suero de leche, la mantequilla derretida, la vainilla y el huevo.Agregue esto a la mezcla seca.Bata con un batidor de globo hasta lograr una mezcla uniforme.Incorpore las manzanas deshidratadas.
4. Vacíe esta preparación en la olla de cocción lenta y distribúyala uniformemente formando una sola capa.
5. Ponga la tapa, encienda la olla, y deje cocinar a temperatura alta durante 1 a 1 ½ horas o hasta que al insertar un palillo o cuchillo en el centro del pastel, salga limpio.
6. Cuando haya terminado el ciclo de cocción, destape y corte el pastel de manzana doble en rebanadas.Espolvoree con azúcar glass si lo desea, y sirva caliente.

22. Pera poché con especias

Las peras poché con un toque de especias son sencillas, pero deliciosas y muy elegantes y satisfactorias.Con el proceso de cocción lenta las peras quedan prácticamente listas para derretirse en la boca, y el vino les da el toque exótico cuyo regusto disfrutará por horas.Las peras Anjou (peras europeas) son las mejores para esta receta, ya que son naturalmente aromáticas y tienen un agradable sabor dulzón con un toque a cítrico.Si sirve estas peras poché como postre en su próxima reunión, tenga por seguro que sus invitados quedarán encantados de probar un platillo tan agradablemente diferente. ¿Qué espera para prepararlo?Planee cocinar esto para su siguiente reunión, y disfrute al máximo.Aquí tiene la receta.
Tiempo de preparación:10 minutos
Tiempo de cocción: 3 – 4 horas
Tamaño recomendado para la olla:5 cuartos
Porciones:6

Ingredientes:

- Peras Anjou maduras y firmes (peladas) =6
- Vino Santo o cualquier otro vino dulce para postre de su preferencia =1 botella de 16 onzas (500 ml)
- Azúcar =½ taza (100 gramos)
- Jugo de naranja (fresco) =1/3 taza (80 ml)

- Vaina de vainilla (3 pulgadas, abierta a lo largo) =1
- Bayas de enebro =¼ cucharadita (1.2 gramos)
- Canela entera (3 pulgadas) =1
- Crème Fraiche (opcional) =6 cucharadas (90 gramos)
- Canela en polvo (opcional)

¡A cocinar!:
1. Primero quite los corazones de las bases de las peras (deje los tallos).Para que se sostengan, corte ½ cm de las bases de las peras si es necesario.Haga esto a todas las peras.
2. Vierta el vino, azúcar, y jugo de naranja fresco en la olla de cocción lenta.Remueva con una cuchara hasta que el azúcar se haya disuelto por completo.

Retire las semillas de la vaina de vainilla.Intégrelas a la mezcla de vino en la olla.

3. Ahora añada las bayas y la canela.Coloque las peras cuidadosamente dentro de la mezcla.
4. Cierre la tapa, encienda la olla y cocine a temperatura alta durante 3 horas o hasta que las peras estén suaves.
5. Cuando haya finalizado el ciclo de cocción, saque las peras de la olla y sírvalas en platos individuales (una en cada plato).Las puede servir enteras o en mitades.
6. Ahora es momento de procesar el líquido

que queda en la olla.Pase el líquido por un colador fino a una cacerola mediana.Deseche los sólidos.Hierva durante 20 minutos o hasta que el líquido se haya reducido a solo una taza.Ya está lista la salsa.
7. Vierta esta salsa a partes iguales sobre las peras poché.Esta salsa especiada les dará un sabor y gusto agradable a las peras.
8. Agregue un poco de Crème Fraiche y una salpicada de canela a cada pera antes de servir.(Esto es completamente opcional)Hágalo solo si lo desea.Estas peras poché con especias siempre tendrán un sabor divino.

23. Compota de moras (sobre pastel de ángel)

Las moras siempre gustan y son delicadamente deliciosas.De modo que cualquier postre preparado con una mezcla de todas las moras (mora azul, zarzamora, y frambuesa) por fuerza debe ser exquisito.Esta compota de moras es verdaderamente apetitosa y un postre maravilloso.Puede usar esta compota como aderezo sobre pastel de ángel, sirviendo así un postre nuevo, creativo, y disfrutable.Es muy fácil de preparar, requiere muy pocos ingredientes fáciles de encontrar.Veamos la receta, y trate de preparar este increíble postre en casa.
Tiempo de preparación:5 minutos
Tiempo de cocción: 3 horas 15 minutos
Tamaño recomendado para la olla:5 cuartos
Porciones:8

Ingredientes:
- Mora azul =2 tazas (290 gramos)
- Zarzamoras =2 tazas (290 gramos)
- Frambuesas =2 tazas (290 gramos)
- Jugo de naranja =1 taza (240 ml)
- Azúcar =½ taza (100 gramos)
- Fécula de maíz (maicena) =3 cucharadas (31 gramos)
- Agua =6 cucharadas (~ 90 ml)
- Pastel de ángel (en 8 rebanadas delgadas) =1

de 8 onzas (224 gramos)
- Aceite en aerosol para cocinar

¡A cocinar!:
1. Saque su olla de cocción lenta, rocíe una capa ligera de aceite en aerosol en el interior de la vasija.
2. Acomode todas las moras, el jugo de naranja y el azúcar en el fondo de la olla.

Cierre la tapa, encienda la olla y cocine a temperatura alta durante 3 horas.Destape.

3. En un tazón pequeño combine la fécula de maíz con el agua.Revuelva hasta obtener una mezcla homogénea.Vierta esta mezcla en la olla sobre la cocción de moras.
4. Tape de nuevo y deje cocinar a temperatura alta durante 15 minutos más o hasta que la salsa espese.
5. La compota de moras está lista.Para servir, vierta sobre las rebanadas de pastel de ángel.

24. Budín de pan con canela y uva pasa

Si usted disfruta de terminar sus comidas con un postre, pero siente que preparar el postre es un peso más en su atareado horario, considere el proceso sencillo y sin complicaciones de preparar postres en una olla de cocción lenta.Le encantará hacerlos una y otra vez.Así que, he aquí este encantador postre: un exquisito budín de pan con canela y uva pasa.Es un maravilloso postre invernal que se prepara con suma facilidad.Solo requiere unos pocos ingredientes y 10 minutos de trabajo.El resto del trabajo corre a cargo de la olla de cocción lenta, que lo cocinará al vapor sin que usted necesite hacer nada.Intente hacerlo hoy, y disfrute comerlo.

Tiempo de preparación:10 minutos
Tiempo de cocción: 2 horas
Tiempo de reposo:30 minutos
Tamaño recomendado para la olla:4 cuartos
Porciones:6

Ingredientes:

- Huevos =3 grandes
- Azúcar mascabado (compacta) =½ taza (85 gramos)
- Nuez moscada (en polvo) =½ cucharadita (1.1 gramos)
- Leche =1 taza (240 ml)

- Nata montada (crema batida) =1 taza (240 gramos)
- Extracto de vainilla =1 cucharadita (5 ml)
- Mantequilla (derretida) =¼ taza (56 gramos)
- Hogaza de pan con canela y uva pasa (cortado en cubos de 1 pulgada) =1 libra (454 gramos)
- Chips de canela (si las consigue) o Chips de caramelo =½ taza (~ 65 gramos)
- Nueces pecanas (tostadas y picadas) =½ taza (65 gramos)
- Nata montada (crema batida) (dulce, opcional)
- Aceite en aerosol para cocinar

¡A cocinar!:
1. En un tazón grande y con un batidor de globo combine los huevos, el azúcar mascabado, y la nuez moscada.Incorpore la leche, nata para montar, vainilla, y la mantequilla derretida.
2. Ahora agregue los cubos de pan y bata suavemente hasta que todos los cubos estén empapados con la mezcla.Incorpore los chips de caramelo y las nueces.

Saque su olla de cocción lenta, rocíe una capa ligera de aceite en aerosol en el interior de la vasija.

3. Vierta cuidadosamente la mezcla en las vasija preparada de su olla de cocción lenta.
4. Ponga la tapa, encienda la olla, y deje cocinar

a temperatura baja durante 2 horas o hasta que al insertar un palillo o cuchillo en el centro del pastel, salga limpio.
5. Una vez finalizado el ciclo de cocción, destape y retire la vasija con el budín de su base. Deje enfriar durante unos 30 minutos.
6. Sirva el budín de pan con canela y uva pasa caliente. Adorne con nata montada si lo desea.

25. Sundae de brownie de chocolate

Los sundaes de brownie son deliciosos y satisfactorios tanto para la vista como para el paladar.Es prácticamente imposible resistir su tentación.Se trata de un postre clásico popular para todo el mundo.No puede equivocarse con esto.Se sentirá divinamente yadorará las capas de brownie calientito y meloso acompañado con el rico helado de vainilla.Le da esa sensación de bienestar a su comida familiar.Olvídese de las calorías de vez en cuando y consiéntase con este postre clásico y elegante.Y para tener esto en sus manos, no necesita correr a un restaurant.Con una fantástica olla de cocción lenta a la mano, puede prepararlo en casa sin esfuerzo alguno, y disfrutar de su tiempo libre.Lea la receta y haga planes para cocinar este sabroso y satisfactorio postre muy pronto.
Tiempo de preparación:5 minutos
Tiempo de cocción: 4 horas
Tiempo de reposo:30 minutos
Tamaño recomendado para la olla:3 cuartos (2.8 litros)
Porciones:6 – 8

Ingredientes:

- Harina preparada para brownie de fudge =1 paquete de 19.8 onzas (554 gramos)
- Mantequilla (derretida) =¾ taza (168 gramos)
- Azúcar =½ taza (100 gramos)

- Huevos (ligeramente batidos) =6 grandes
- Helado de vainilla =1 pinta (~ 500 ml)
- Aceite en aerosol para cocinar

¡A cocinar!:
1. Saque su olla de cocción lenta, rocíe una capa ligera de aceite en aerosol en el interior de la vasija.
2. En un tazón grande combine la harina para brownie, mantequilla derretida, azúcar, y huevos.

Vierta esta mezcla en la vasija preparada de su olla de cocción lenta.

3. Tape, encienda la olla, y deje cocinar en posición de temperatura baja durante 4 horas o hasta que las orillas del brownie se desprendan fácilmente de las paredes de la vasija, pero la parte central aún se sienta suave.
4. Apague la olla y deje reposar durante 30 minutos. Retire el brownie con una cuchara.
5. Sirva el brownie de chocolate con helado de vainilla.Se sentirá como en un restaurant en su propio hogar cuando lo coma.Esa es la magia de la olla de cocción lenta.

26. Tarta de nuez

La tarta o pay de nuez pecana es un postre del sur de Estados Unidos gustado en todo el mundo.La pecana es una nuez altamente nutritiva.Si usted es de las personas que evitan los postres porque piensa que estará consumiendo grasas innecesarias y son absolutamente poco saludables, puede preparar esta tarta de nuez, que es muy saludable.La nuez pecana es una buena fuente de magnesio, proteínas, grasas no saturadas, y ácidos grasos omega-6.También tiene propiedades anti colesterol. ¿Qué más se puede pedir de un postre rico y saludable?Puede comer este postre con frecuencia y sin preocuparse.La cocción lenta hace que este postre sea aún más atractivo y sabroso.Así que prepárelo sin esfuerzo con su olla de cocción lenta, y disfrute la hora del postre.
Tiempo de preparación:5 minutos
Tiempo de cocción: 4 horas
Tiempo de reposo:30 minutos
Tamaño recomendado para la olla: 4 cuartos
Porciones:16

Ingredientes:

- Miel =½ taza (144 gramos) si prefiere poco dulce, o ¾ taza (216 gramos) si prefiere su postre moderadamente dulce.
- Clara de huevo (batida con tenedor) de 3

huevos
- Nuez pecana (picada grueso) =2 tazas (250 gramos)
- Extracto de vainilla =4 cucharaditas (20 ml)
- Canela =1 cucharadita (2.3 gramos)
- Fécula de maíz o harina blanca de trigo entero =3 cucharadas (30 gramos)
- Corteza de tarta (pre-hecha, sin hornear) =1
- Aceite
- Papel para hornear

¡A cocinar!:
1. Saque su olla de cocción lenta, rocíe una capa ligera de aceite en aerosol en el interior de la vasija.
2. Cubra el fondo de la vasija con papel para hornear.Colóquelo de tal manera que sea fácil retirar la tarta una vez horneada.

En un tazón grande, mezcle todos los ingredientes. Vierta esta mezcla en la corteza para tarta cruda.Cuidadosamente coloque esto dentro de la olla de cocción lenta.

3. Cierre la tapa, encienda la olla y cocine a temperatura baja durante 3 horas.
4. Destape teniendo cuidado de no permitir que alguna gota de agua caiga en la tarta.Continúe cociendo sin tapar durante una hora más.
5. Una vez finalizado el ciclo de cocción, pase un cuchillo alrededor delatarta suavemente

para separarla de la olla, y retire la tarta entera cuidadosamente sosteniendo los extremos del papel para hornear. Deje enfriar sobre una rejilla durante al menos 30 minutos.
6. Corte en rebanadas y sirva.

27. Pastel suntuoso de fudge de chocolate

He aquí una divertida receta para el postre de hoy. ¿No lo cree?Es verdad.Preparar un pastel de fudge de chocolate en la olla de cocción lenta, realmente es muy divertido.No se necesita experiencia para hacer este pastel.Solo asegúrese de conseguir los pocos ingredientes que lleva, e invierta 15 minutos preparando todo. La olla de cocción lenta hará el resto.Usted solo espera para saborear el maravilloso resultado.Cuando cocine esto, se enamorará de la olla de cocción lenta, y se felicitará por haberla adquirido, y seguirá preparando este postre siempre que se presente la oportunidad.Así que aquí tiene la receta con todos sus detalles. Prepárese para cocinar este pastel suntuoso de fudge de chocolate hoy mismo.

Tiempo de preparación:15 minutos
Tiempo de cocción:2 ½ horas
Tiempo de reposo:30 minutos
Tamaño recomendado para la olla:4 – 5 cuartos
Porciones:6

Ingredientes:

- Harina =1 taza (130 gramos)
- Azúcar =½ taza (100 gramos)
- Cocoa en polvo =6 cucharadas (45 gramos)
- Polvo para hornear = 2 cucharaditas (10 gramos)

- Sal = ½ cucharadita (2.5 gramos)
- Leche =½ taza (120 ml)
- Aceite =2 cucharadas (28 gramos)
- Extracto de vainilla =1 cucharadita (5 ml)
- Nueces picadas (opcional) =½ taza (60 gramos)
- Azúcar mascabado (compacta) =¾ taza (128 gramos)
- Agua caliente =1 ½ tazas (353 ml)
- Aceite en aerosol para cocinar
- Helado de vainilla (según se necesite)

¡A cocinar!:
1. Saque su olla de cocción lenta, rocíe una capa ligera de aceite en aerosol en el interior de la vasija.
2. Tamice la harina junto con el azúcar y (2 cucharadas /15 gramos) de cocoa en polvo, la sal, y el polvo de hornear, a un tazón mediano. Mezcle bien.

Agregue la leche, extracto de vainilla, y aceite, y mezcle bien. Mezcle hasta obtener una mezcla uniforme. Espolvoree las nueces picadas en la mezcla.

3. Vierta la masa en la olla de cocción lenta en forma uniforme.
4. En otro tazón, mezcle el azúcar mascabado y la cocoa restante. Agregue el agua caliente y revuelva bien. Vierta esta mezcla sobre la masa dentro de la olla de cocción lenta. No es necesario revolver.

5. Cierre la tapa, encienda la olla y cocine a temperatura alta durante 2 ½ horas.Inserte un palillo en el centro; si sale limpio, su pastel está listo.La capa superior es el pastel y la capa inferior es la salsa fudge.
6. Una vez finalizado el ciclo de cocción, destape y deje enfriar durante aproximadamente media hora.
7. Parta en rebanadas el pastel suntuoso de fudge de chocolate, sirva en un plato, y sirva cucharadas del fudge sobre el pastel.Acompañe con una bola de helado de vainilla, y sirva.No hay postre en el mundo que pueda competir con este.Tan pronto entre una sola cucharada de este postre en su boca, sentirá un placer celestial.

28. Pastel Lava de piña colada

La "piña colada", básicamente es el famoso coctel hecho de ron, jugo de piña, y crema de coco.Es la bebida nacional de Puerto Rico desde 1978. La combinación de los ingredientes de la piña colada suena muy tentadora. ¿Qué pasaría si se combinaran los mismos ingredientes en un delicioso pastel?Definitivamente, resultaría un pastel extremadamente decadente.Por eso hemos incluido aquí un pastel lava de piña colada hecho en olla de cocción lenta.Quitamos el ron y en su lugar agregamos sabor a vainilla, además de esencia de piña.Sentirá un gran orgullo cuando haga este postre exótico tropical.Aquí tiene la receta.Léala, y prepare el pastel.
Tiempo de preparación:15 minutos
Tiempo de cocción:3 – 4 horas
Tamaño recomendado para la olla:3 – 4 cuartos
Porciones:6

Ingredientes:
- Vainilla =1 cucharadita (5 ml)
- Harina =1 taza (130 gramos)
- Polvo para hornear = 1 ½ cucharaditas (7.5 gramos)
- Crema de coco =1 lata de 14 onzas (420 ml)
- Piña (triturada, escurrida, reserve el líquido) =1 lata de 16 onzas (448 gramos)

- Aceite vegetal o de canola =2 cucharadas (28 gramos)
- Coco (rallado) =1 taza (100 gramos)
- Leche de coco =1 taza (250 ml)
- Helado de vainilla =

¡A cocinar!:
1. Coloque la piña triturada en una capa homogénea en toda la base de la vasija.
2. En un tazón mediano, combine la harina, polvo de hornear, extracto de vainilla, 1/3 taza (80 ml) de crema de coco, 2/3 de taza (144 ml) del líquido reservado de la piña, ½ taza (50 gramos) de coco rallado, y el aceite vegetal.Mezcle hasta combinar bien.Vierta esta mezcla y unte sobre las piñas dentro de la vasija.

En una cacerola, combine la leche de coco y la crema de coco a fuego medio hasta que hierva.Vierta esta mezcla hirviente sobre la masa dentro de la olla de cocción lenta.No es necesario revolver.

3. Cierre la tapa, encienda la olla y cocine a temperatura baja de 3 – 4 horas, ó temperatura alta de 2 – 3 horas.
4. En seguida, coloque el coco rallado restante en una charola para hornear.Tueste en el horno unos minutos.
5. Una vez finalizado el ciclo de cocción, saque el pastel de la olla de cocción lenta y pase a platos individuales.Acompañe con helado de

vainilla y el coco rallado al servir.
29. Brownie de malvavisco

Los malvaviscos son bombones dulces que contienen azúcar y se les da forma de pequeños cilindros, generalmente se les cubren de fécula de maíz.Son un buen ingrediente para postres.Algunas recetas para malvavisco requieren huevos, otras no.Sin duda un brownie hecho de estos dulces malvaviscos será realmente sabroso.Y en esta versión de brownie de malvavisco en olla de cocción lenta, los dulces bombones se derriten y combinan con chocolate.Lo interesante de hacer este postre super delicioso, rico y elegante, es que casi no se necesita esfuerzo alguno.Lea la receta, acomode los ingredientes, y encienda la olla de cocción lenta.Ese es todo su trabajo para cocinar, y su recompensa será aromática y llena de sabor. ¡Pruébelo!

Tiempo de preparación:15 minutos
Tiempo de cocción: 1 ½ – 2 horas
Tiempo de reposo:30 minutos
Tamaño recomendado para la olla:3 cuartos (2.8 litros)
Porciones:6

Ingredientes:

- Mantequilla = 4.5 onzas (125 gramos)
- Chocolate oscuro (en trozos pequeños) = 4.5 onzas (125 gramos)
- Huevos =2 medianos
- Azúcar =5 ½ onzas (150 gramos)

- Cocoa en polvo =0.7 onzas (20 gramos)
- Harina =2.2 onzas (60 gramos)
- Malvaviscos grandes (cortados a la mitad) =10
- Aceite en aerosol para cocinar
- Papel para hornear (para forrar la vasija de la olla)

¡A cocinar!:
1. Saque su olla de cocción lenta, rocíe una capa ligera de aceite en aerosol en el interior de la vasija.
2. Forre la vasija de la olla con papel para hornear.

Primero parta la mantequilla y el chocolate oscuro en trozos pequeños y colóquelos en un tazón pequeño.Caliente en el horno de microondas unos minutos a temperatura alta.Retire y deje enfriar.

3. Mezcle el azúcar y los huevos con batidora eléctrica hasta lograr una consistencia cremosa y espesa.
4. Vierta la mezcla ya fría de chocolate en la de huevos y azúcar.Deje reposar unos minutos para que se mezclen lenta y completamente.
5. Tamice la cocoa en polvo junto con la harina sobre la mezcla anterior.Deje que los ingredientes se incorporen por completo.Mezcle suavemente, no vigorosamente.
6. Finalmente incorpore los trozos de

malvavisco. Ya está lista la masa del brownie.
7. Vierta la masa en la vasija preparada.
8. Ponga la tapa, encienda la olla, y deje cocinar a temperatura alta durante 1 ½ a 2 horas o hasta que al insertar un palillo o cuchillo en el centro del pastel, salga limpio.
9. Una vez finalizado el ciclo de cocción, destape (el aspecto delicioso del brownie será una tentación, pero resista) y deje enfriar por completo (al menos 30 minutos). Saque el brownie de la olla de cocción lenta sosteniendo los extremos del papel para hornear.
10. Está listo para servir. Corte el brownie de malvavisco en rebanadas y disfrute comerlo de inmediato.

30. Pastel de almendra y ciruela

He aquí una receta para un postre especial de otoño.Necesitará ciruelas (las hay a finales de verano), y almendras.Sabe mejor si se come fresco.Se conserva deliciosamente húmedo y sabroso.Cuando se acompaña este pastel con jalea de ciruela tibia, ciruelas frescas picadas, y se le rocía con azúcar granulada, es aún más delicioso.Disfrute de hornear este pastel sin esfuerzo alguno con su olla de cocción lenta, y disfrute la hora del postre.

Tiempo de preparación:10 minutos
Tiempo de cocción:1 – 2 horas
Tiempo de reposo:30 minutos
Tamaño recomendado para la olla:4 – 5 cuartos
Porciones:6

Ingredientes:

- Mantequilla =6 onzas (170 gramos)
- Azúcar dorada =6.5 onzas (180 gramos)
- Harina leudante = 5 ½ onzas (150 gramos)
- Huevos =3 medianos
- Extracto de almendra =1 cucharadita (5 ml)
- Almendras molidas =2 ½ onzas (70 gramos)
- Polvo para hornear = ½ cucharadita (2.5 gramos)
- Leche =2.5 onzas (80 ml)
- Ciruelas maduras (deshuesadas y picadas) =6

- Aceite en aerosol para cocinar
- Papel para hornear (para forrar la vasija de la olla)

Para aderezar:
- Jalea de ciruela damson (opcional) =4 – 5 cucharadas (80 – 100 gramos)
- Ciruelas (opcional) =2
- Harina =1 cucharadita (2.7 gramos)
- Mantequilla =1 cucharada (14 gramos)
- Azúcar =4 – 5 cucharadas (32 – 40 gramos)

¡A cocinar!:
1. Saque su olla de cocción lenta, rocíe una capa ligera de aceite en aerosol en el interior de la vasija.
2. Forre el interior de la vasija con papel para hornear.

En un tazón, combine la mantequilla con el azúcar.Mezcle a acremar y hasta que los granos de azúcar se hayan disuelto.

3. Añada los huevos uno a uno mientras continúa batiendo para incorporar cada uno.
4. Agregue el extracto de almendra y el polvo de hornear.Mezcle bien.
5. Agregue la harina y almendras molidas.Mezcle suavemente.
6. Incorpore aquí la mitad de las ciruelas picadas.Ya está lista la masa del pastel.Vierta esta masa en la vasija engrasada y forrada.

7. Espolvoree las ciruelas picadas restantes sobre esto.Presiónelas suavemente.
8. Ponga la tapa, encienda la olla, y deje cocinar a temperatura alta durante 1 ½ a 2 horas o hasta que al insertar un palillo o cuchillo en el centro del pastel, salga limpio.
9. Una vez finalizado el ciclo de cocción, destape y deje enfriar un momento.Saque el pastel sosteniendo los extremos del papel para hornear y enfríe sobre una rejilla.
10. Mientras el pastel enfría, puede preparar el aderezo.Junte todos los ingredientes del aderezo.Caliente un poco la jalea de ciruela en el horno de microondas.En un tazón pequeño, combine la mantequilla, harina, y el azúcar.Frote con los dedos hasta que adquiera una consistencia de moronas de pan.Pique las ciruelas y colóquelas sobre el pastel.Rocíe la jalea y espolvoree la mezcla de azúcar como sea necesario.También puede usar únicamente azúcar como el aderezo del pastel.
11. Sírvalo, y disfrute.

31. Scones de chocolate

Los scones de chocolate son quebradizos, húmedos y tienen un sabor supremo.Prepare una buena cantidad de estos scones de chocolate para postre, y cómalos tanto como desee, guarde los sobrantes, y cómalos más tarde, haciendo de cualquier momento la hora del postre.Al comer estos scones de chocolate su ánimo se alegará y cada bocado de scone le hará reír y sentir feliz.Prepare estos scones de la manera fácil con su olla de cocción lenta, y sin duda se inspirará para preparar muchos más, y también inspirará a otros para preparar este encantador postre.

Tiempo de preparación:10 minutos
Tiempo de cocción: 2 horas
Tiempo de reposo:30 minutos
Tamaño recomendado para la olla:3 cuartos (2.8 litros)
Porciones:8 - 10

Ingredientes:

- Harina leudante =8 onzas (225 gramos)
- Sal = una pizca
- Mantequilla =2 onzas (55 gramos)
- Azúcar =1 onza (25 gramos)
- Leche =5 onzas (150 ml)
- Chocolate en trozos =2.6 onzas (80 gramos)
- Aceite en aerosol para cocinar

¡A cocinar!:
1. Saque su olla de cocción lenta, rocíe una capa ligera de aceite en aerosol en la vasija.
2. En seguida mezcle la harina con la sal.Incorpore la harina.

En seguida incorpore el azúcar y la leche.Bata bien y después amase la masa suave.

3. Distribuya los trozos de chocolate en la masa, y de nuevo amase suavemente.
4. Coloque la masa cuidadosamente en la olla de cocción engrasada.
5. Ponga la tapa, encienda la olla, y deje cocinar a temperatura alta durante 2 horas o hasta que al insertar un palillo o cuchillo en el centro del pastel, salga limpio.
6. Una vez finalizado el ciclo de cocción, abra la olla teniendo cuidado de no permitir que caigan gotas de agua sobre el scone, y deje enfriar un poco.Cuando enfríe quedará un poco crujiente.
7. Corte en rebanadas y disfrute el poster crocante.

32. Pastel de queso y avellana triturada

Se cree que la avellana es una delicia turca, ya que se produce principalmente en Turquía (y en otras partes del mundo).Es una buena fuente de ácido oleico (grasas buenas), carbohidratos, proteína, vitaminas, minerales, fibra dietética, antioxidantes, y fitoesterol. Así que, básicamente, un postre que contenga avellanas debe ser saludable.Las avellanas son famosas en el mundo de la panadería, se les usa en muchos productos horneados, de forma que este pastel de queso con avellanas seguramente quedará para hacer agua la boca.La delicia de este postre le enloquecerá.Hágalo en casa con su olla de cocción lenta, y disfrútelo.
Tiempo de preparación:15 minutos
Tiempo de cocción: 1 ½ -- 2 ½ horas
Tiempo de reposo:1 hora
Tiempo de enfriado:3 horas – 3 días
Tamaño recomendado para la olla:5 cuartos
Porciones:8

Ingredientes:
- Galletas Graham (trituradas) =6
- Mantequilla (sin sal, derretida, dejada enfriar) =2 cucharadas (28 gramos) + más para la cazuela
- Azúcar =2/3 taza (120 gramos) + 1 cucharada

(12.5 gramos)
- Canela (en polvo) =½ cucharadita (1.2 gramos)
- Sal = una pizca
- Queso crema (suavizado) =16 onzas (448 gramos)
- Crema ácida =¼ taza (60 gramos)
- Huevos =2 grandes
- Pasta praliné de avellana =¼ taza (62 gramos)
- Licor Frangelico =2 cucharadas (30 ml)
- Extracto de vainilla =1 cucharadita (5 ml)

Para el crumble:
- Mantequilla (sin sal, suavizada) =2 ½ cucharadas (35 gramos)
- Azúcar glass =1/3 taza (43 gramos)
- Avellanas (picadas finamente, blanqueadas) =1/3 taza (40 gramos)
- Harina =1/3 taza (43 gramos)
- Sal (la necesaria)

¡A cocinar!:
1. Vierta aproximadamente 2 tazas de agua en la olla de cocción lenta y coloque una rejilla de papel aluminio en el fondo de la olla.
2. Muela las galletas Graham en un procesador de alimentos hasta obtener moronas finas.

En un tazón combine las moronas, 2 cucharadas (28 gramos) de mantequilla, 1 cucharada (12.5) gramos de azúcar, canela y una pizca de sal. Mezcle bien.

3. Unte la mantequilla restante en un molde desmontable de 6 pulgadas.Pase la mezcla de galletas al molde engrasado y presione suavemente en una capa en su fondo.Limpie el tazón del procesador de alimentos.En el mismo, agregue el queso crema, 2/3 taza (120 gramos) de azúcar, y ¼ cucharadita (1.2 gramos) de sal. Mezcle bien.Agregue la crema ácida, huevos, pasta de avellana, vainilla, y el licor.Mezcle hasta incorporar todo.No mezcle de más.Vierta esta mezcla sobre la capa de moronas en el molde.Alise la superficie con el revés de una cuchara.
4. Coloque el molde sobre la rejilla preparada en la olla de cocción lenta.
5. Ponga la tapa, encienda la olla, y déjela cocinar en posición de temperatura alta de 1 ½ a 2 ½ horas o hasta que el termómetro marque 150°F (65°F).
6. Una vez finalizado el ciclo de cocción, destape y deje enfriar durante 1 hora.Puede dejarlo sobre una rejilla mientas enfría.
7. Envuelva el pastel de queso con filme plástico y refrigere un mínimo de 3 horas y un máximo de 3 días.
8. Prepare el crumble varias horas antes de servir.Para ello, precaliente el horno a 350°F (177°C).Unte mantequilla en una charola para horno pequeña.En un tazón, mezcle la mantequilla y el azúcar.Agregue las avellanas picadas, harina, y sal.Mezcle bien.Distribuya

en la charola en una sola capa tan uniforme como sea posible.Hornee entre 15 y 20 minutos o hasta que tenga un aspecto dorado y crujiente.Saque del horno y reserve.Una vez enfriado, rompa formando moronas.

9. Ahora rebane el pastel, coloque una capa uniforme de crumble sobre cada rebanada, y presione suavemente.Sirva cada rebanada de pastel en un plato individual y disfrute este rico postre.

33. Bollos de nuez

He aquí un postre más con saludables nueces pecanas.Los bollos de nuez son melosos, húmedos, deliciosos, y completamente tentadores.Sencillamente amará este postre pegajoso (¡solo recuerde cepillarse los dientes después de comerlo!)Es tan fácil de hacer, que preparar este poste con su olla de cocción lenta será su pasatiempo favorito.Solo mezcle los ingredientes, póngales dentro de la olla, y dese un largo baño o vaya a hacerse un manicure, o a terminar cualquier otro pendiente que tenga.Cuando perciba la tentación del aroma dulce y caramelizado, visite su cocina para descubrir que su poste está listo para servir.Disfrútelo con sus familiares e invitados.Aquí tiene la receta.

Tiempo de preparación:50 minutos
Tiempo de cocción:2 – 3 horas
Tiempo de reposo:10 minutos
Tamaño recomendado para la olla:5 cuartos
Porciones:12

Ingredientes:
Para la masa:
- Leche (baja en grasa) =6 cucharadas (90 ml)
- Miel de maple =4 cucharadas (60 ml)
- Mantequilla (sin sal, derretida) =½ cucharadita (7 gramos)

- Extracto de vainilla =1 cucharadita (5 ml)
- Sal = ¼ cucharadita (2 gramos)
- Levadura =2 ½ cucharadita (7 gramos)
- Harina de trigo integral =1 ½ - 2 tazas (180 – 240 gramos)

Para la salsa de caramelo:
- Mantequilla (sin sal) =2 cucharadas (28 gramos)
- Leche (baja en grasa) =2 cucharadas (30 ml)
- Miel de maple =4 cucharadas (60 ml)
- Nueces (picadas) =¼ taza (28 gramos)

Para el relleno:
- Miel de maple =3 cucharadas (45 ml)
- Canela (en polvo) =1 ½ cucharaditas (4 gramos)
- Mantequilla (sin sal, derretida) =½ cucharada (7 gramos)

¡A cocinar!:
1. Saque su olla de cocción lenta, rocíe una capa ligera de aceite en aerosol en la vasija.
2. Primero haremos la masa. Junte todos los ingredientes.
1. En un tazón adecuado para microondas, combine la leche, mantequilla, miel de maple, y extracto de vainilla.
2. Caliente en el microondas la mezcla durante 20 segundos, en seguida revuelva durante 1

minuto con una cuchara.Repita este proceso hasta que la mantequilla se haya derretido por completo y todos los ingredientes estén perfectamente combinados.

3. Agregue la levadura y deje reposar entre 10 y 15 minutos.Debe espumar.
4. Agregue la harina (½taza / 60 gramos a la vez) y siga revolviendo con un batidor de globo, hasta que la mezcla deje de ser pegajosa.Pase la masa a una superficie enharinada y amase bien durante algunos minutos, o hasta que adquiera una textura esponjosa.Déjela a un lado.

Es momento de preparar la salsa de caramelo.

1. En una cazuela combine la mantequilla, leche, y miel de maple.Caliente a fuego medio-bajo.Revuelva frecuentemente.Deje que la mantequilla se derrita por completo.Siga revolviendo hasta que la mezcla espese y adquiera un color ligeramente oscuro.
2. Vierta esta mezcla en la olla de cocción lenta previamente engrasada.Espolvoree las nueces pecanas en la parte media de esto.
4. Ahora prepararemos el relleno.
1. En un tazón pequeño combine la miel de maple y la canela en polvo.Combine bien con un batidor de globo.
5. Tome la masa y colóquela en una superficie enharinada, con un rodillo forme un

rectángulo de aproximadamente 10 x 14 pulgadas.Unte mantequilla con una brocha de cocina.Vierta el relleno (la mezcla de miel de maple con canela) en la parte media de la masa.Cuidadosamente enrolle y selle los extremos presionando uno sobre el otro. Corte el rollo entero en 12 rollos pequeños con hilo dental (un cuchillo puede provocar que el relleno se derrame), e inmediatamente coloque cada rollito sobre la salsa de caramelo en la olla de cocción lenta.

6. Cierre la tapa, ponga el control de la olla en posición de 'mantener caliente' durante 45 minutos o hasta que los rollos hayan doblado su tamaño inicial.Ahora ponga el control en 'bajo' y deje cocinar durante 1 – 1 ½ horas.

7. Una vez finalizado el ciclo de cocción, destape y deje enfriar durante 10 minutos.Saque los bollos de nuez.Sírvalos fríos o calientes.

34. Pastel de chocolate y cerezas

'Pastel de chocolate y cerezas'. Tan solo el nombre es tan tentador que no se necesita más introducción.Cuando haya probado este postre sabrá que cuando el delicioso chocolate se acompaña con dulces cerezas, el resultado es encantador.Y este postre super sabroso solo requiere de cuatro ingredientes y una olla de cocción lenta.Eso es todo.Tenerlos a la mano es haber hecho ya la mitad del trabajo.Y la otra mitad lo hará la olla de cocción lenta. Usted solo se relaja y disfruta de su postre.No se cansará de comer esto, y siempre sentirá antojo de más.Mire la receta, hágalo siempre que pueda.

Tiempo de preparación:5 minutos
Tiempo de cocción:2 horas
Tiempo de reposo:30 minutos
Tamaño recomendado para la olla:4 cuartos
Porciones:4 – 6

Ingredientes:

- Harina preparada para pastel de chocolate =1 caja
- Relleno para tarta de cereza =1 lata
- Mantequilla (derretida) =1 barra
- Agua =1/3 taza(~ 80 ml)
- Aceite en aerosol para cocinar

¡A cocinar!:

1. Saque su olla de cocción lenta, rocíe una capa ligera de aceite en aerosol en la vasija.
2. Primero vierta el relleno para tarta de cereza en la olla de cocción lenta.

Espolvoree gradualmente la harina para pastel sobre de esto.

3. Derrita la mantequilla en el horno de microondas o sobre la estufa y rocíe sobre la harina para pastel.
4. Cubra la olla con una capa doble de toallas de papel.
5. Cierre la tapa, encienda la olla y cocine a temperatura baja durante 1 ½ horas.
6. Mezcle el paquete de topping con el agua y vierta sobre el pastel en la olla.
7. Reemplace las toallas de papel con nuevas toallas secas. Continúe cociendo durante media hora más.
8. Una vez finalizado el ciclo de cocción, destape y deje enfriar completamente durante 30 minutos.
9. Sirva este pastel de chocolate y cereza caliente, acompañado con helado o nata montada, o solo.

35. Cobbler (tarta invertida) de cereza

He aquí otra delicia de cereza.Esta es sencillamente deliciosa y aun así, muy reconfortante.Será un grandioso postre para fin de semana.También este requiere tan solo cuatro ingredientes y un proceso de cocción lenta corto y sin complicaciones.La versión en olla de cocción lenta del cobbler de cereza es tan encantadora que adorará su sabor por horas y querrá comerla con frecuencia.Echemos un vistazo a la receta de este rico postre, y planee hacerlo este fin de semana.

Tiempo de preparación:5 minutos
Tiempo de cocción: 2 horas
Tiempo de reposo:10 minutos
Tamaño recomendado para la olla:4 cuartos
Porciones:6

Ingredientes:

- Topping para cobbler (de preferencia Krustaez) =1 caja
- Relleno para tarta de cereza =1 lata de 30 onzas (840 gramos)
- Mantequilla (sin sal) =6 cucharadas (84 gramos)
- Huevo =1 grande
- Aceite en aerosol para cocinar

¡A cocinar!:
1. Saque su olla de cocción lenta, rocíe una capa ligera de aceite en aerosol en la vasija.
2. Vierta todo el contenido de la lata de relleno para tarta en la vasija engrasada.

En un tazón pequeño bata ligeramente el huevo. Añada el topping para cobbler en el huevo batido y continúe batiendo hasta que esté bien incorporado.

3. Ponga este topping de cobbler sobre el relleno para tarta en la olla de cocción lenta.
4. Derrita la mantequilla en el horno de microondas o sobre la estufa, y unte sobre el topping para cobbler.
5. Cubra la olla con una doble capa de toallas de papel para atrapar la humedad que se concentra en la tapa mientras cocina.
6. Cierre la tapa, encienda la olla y cocine a temperatura baja durante 2 ½ horas o hasta que el cobbler esté bien cocinado.
7. Si destapa la olla mientras se cocina, reemplace las toallas de papel por unas nuevas y secas.
8. Ya está listo su cobbler de cereza. Destape la olla y deje que se enfríe un poco. Después puede retirarlo con una cuchara.
9. Sirva caliente acompañado de helado. Si lo desea, puede espolvorear un poco de almendras picadas encima. Esto le añade un aroma y un sabor agradables.

36. Pavlova con fruta

La Pavlova es un postre cremoso cuyo nombre se cree que fue inspirado por la bailarina clásica rusa Anna Pavlova durante su visita profesional a Australia y Nueva Zelanda.Sin embargo, el lugar de origen del postre aún está a discusión.Básicamente combina merengue (un postre hecho con claras de huevo, azúcar y cremor tártaro) en sus ingredientes.Se le decora con frutas y nueces frescas.De apariencia aristocrática, sabe elegante y se siente divino.Es un poste perfecto para las vacaciones, cuando nos sentimos libres de permitirnos estas exquisitas delicadezas.La receta es sencilla, y el proceso de prepararlo es aún más sencillo.Prepare su sombrero de chef, y cocine este postre.

Tiempo de preparación:5 minutos
Tiempo de cocción: 1 ½ horas
Tiempo de reposo:30 minutos
Tamaño recomendado para la olla:3 cuartos (2.8 litros)
Porciones:4

Ingredientes:
- Claras de huevo =6
- Azúcar =1 ¼ tazas (162.5 gramos)
- Harina de maíz =2 cucharadita (7 gramos)
- Extracto de vainilla =1 cucharadita (5 ml)
- Vinagre blanco =1 cucharadita (5 ml)

- Papel para hornear

Para aderezar:
- Fruta rebanada o picada (kiwi, fresa, frambuesa, zarzamora, y cualquier otra fruta de su preferencia)
- Nata para montar (crema para batir)

¡A cocinar!:
1. En un tazón, bata bien las claras de huevo.
2. Incorpore el azúcar, 1 cucharada (8 gramos) a la vez, y continúe batiendo para mezclar bien y que el azúcar se disuelva por completo.

Incorpore la harina de maíz, vinagre blanco, y extracto de vainilla. Continúe batiendo hasta que esté bien incorporado y homogéneo.

3. Cubra el interior de la olla de cocción lenta con el papel para hornear. Vierta la mezcla sobre el papel con cuidado de que no se derrame fuera del papel.
4. Cubra la olla con una capa doble de toallas de papel para atrapar la humedad que se forma dentro de la olla al cocinar.
5. Tape, encienda la olla de cocción lenta, y deje cocinar en posición de temperatura baja durante 1 ½ horas.
6. Una vez finalizado el ciclo de cocción, destape y deje enfriar un poco.
7. Adorne la Pavlova con anata montada

y fruta (rebanadas y trozos), y sirva.

37. Pastel de coco

Si tiene invitados este fin de semana y necesita preparar un postre fácil de hacer, considere este pastel de aspecto delicioso, tentador, y lleno de sabor.Para este pastel de coco puede usar harina preparada sin gluten, lo que lo haría además saludable, y al usar harina preparada se ahorra el esfuerzo de mezclar harinas.Sin embargo, si tiene experiencia en panadería y sabe de alguna alternativa más sabrosa, puede usarla, o puede preparar la masa del pastel desde cero en casa.Así que, ¿todo listo para preparar su primer pastel de coco versión olla de cocción lenta?Créalo: será divertido.Solo eche un vistazo a la receta antes de comenzar.
Tiempo de preparación:10 minutos
Tiempo de cocción: 2 – 4 horas
Tiempo de reposo:30 minutos
Tiempo de enfriado:1 hora
Tamaño recomendado para la olla:4 cuartos
Porciones:6

Ingredientes:

- Harina preparada para pastel (sin gluten, para pastel de una sola capa) =1 caja (2 cajas para hacer un pastel de varias capas)

- Aceite (según las instrucciones de la harina para pastel)
- Aceite (según las instrucciones de la harina para pastel)
- Aceite (según las instrucciones de la harina para pastel)
- Leche de coco =1 lata de 16 onzas(500 ml)
- Extracto de coco =1 cucharadita (2 gramos)

Para topping:
- Azúcar glass =2 cucharadas (16 gramos)
- Coco rallada (endulzado)
- Betún de queso crema (opcional)

¡A cocinar!:
1. Prepare la masa del pastel según las instrucciones en la caja.Use leche de coco en lugar de agua.Añada también el extracto de coco a la masa.Si sobra leche de coco, reserve.
2. Saque su olla de cocción lenta, rocíe una capa ligera de aceite en aerosol al interior de la vasija.

Vierta la masa de pastel de coco en la olla de cocción lenta.

3. Cierre la tapa, encienda la olla y cocine a temperatura alta durante 2 – 4 horas

o hasta al insertar un palillo o cuchillo en el centro, salga limpio
4. Mientras se cocina, puede preparar y tener listo el topping.Mezcle ½ taza de la leche de coco reservada con el azúcar glass.
5. Una vez finalizado el ciclo de cocción, destape y deje enfriar un poco.
6. Haga algunos agujeros con un palito para brocheta y vierta sobre ellos la leche de coco endulzada.En seguida espolvoree el coco rallado.
7. Deje enfriar a temperatura ambiente, después refrigere durante 1 hora aproximadamente.
8. Si lo desea, use betún, y sirva el pastel de coco frío.

38. Tarta de manzana en olla de cocción lenta

Cualquier tarta de fruta es deliciosa y rica en sabor a fruta.La tarta o pay de manzana no es la excepción.Este postre a veces se acompaña de helado o queso, y sabe aún más divino.Puede prepararlo en tres sencillos pasos, y con su olla de cocción lento es aún más fácil de hacer.De a su merienda un toque dulce con este postre.La receta es fácil de hacer, así que planee cocinar esto tan pronto tenga la oportunidad.Les encantará a chicos y grandes.Nadie escapara a la tentación delatarta de manzana.
Tiempo de preparación:20 minutos
Tiempo de cocción: 6 – 7 horas
Tamaño recomendado para la olla:cuartos
Porciones:6

Ingredientes:
Para la tarta:
- Manzanas ácidas (peladas, rebanadas) =8
- Canela (en polvo) =1 ¼ cucharadita (3 gramos)
- Allspice =¼ cucharadita (0.5 gramos)
- Nuez moscada =¼ cucharadita (0.6 gramos)

Para la mezcla de galleta:
- Leche =¾ taza (187 ml)
- Mantequilla (suavizada) =2 cucharadas (28 gramos)
- Azúcar =¾ taza (150 gramos)
- Huevo =2
- Extracto de vainilla =1 cucharadita (5 ml)
- Bisquick =½ taza (60 gramos)

Para el topping crujiente:
- Bisquick =1 taza (120 gramos)
- Azúcar morena =1/3 taza (57 gramos)
- Mantequilla fría =3 cucharadas (42 gramos)
- Helado de vainilla

¡A cocinar!:
1. Saque su olla de cocción lenta, rocíe una capa ligera de aceite en aerosol al interior de la vasija.
2. En un tazón grande, revuelque las rebanas de manzana con la canela, allspice, y la nuez moscada. Coloque las manzanas cubiertas en la olla de cocción lenta preparada.

En otro tazón, combine la leche, mantequilla suavizada, los huevos, azúcar, vainilla, y ½ taza (60 gramos) de Bisquick. Con una cuchara cubra con esta mezcla las manzanas en la olla.

3. Ahora mezcle 1 taza (120 gramos) de Bisquick y el azúcar morena en el mismo tazón.Añada la mantequilla.Corte esta mezcla con una cuchilla para masas hasta lograr una textura de arena o de moronas.Ponga esta mezcla en una capa sobre las manzanas.Espolvoree un poco de canela encima.
4. Tape, encienda la olla de cocción lenta, y deje cocinar en posición de temperatura baja durante 6 – 7 horas.
5. Con una cuchara sirva la tarta de la olla en platos individuales, y sirva con una bola de helado de vainilla.

39. Pastel crujiente de queso con Nutella chocolatosa.

Nutella es una marca de pasta de avellana para untar, dulce y chocolatosa.Se puede comer directamente o bien se puede usar para crear postres increíbles.Por otro lado, parece ser que a todo mundo le encanta el pastel de queso.Puede hacerse con lo que sea.Ahora es momento de un pastel de queso crujiente con Nutella chocolatoso, que igualmente encantará a todo el mundo.La combinación de rica crema de avellana y chocolate con galletas Oreo, queso crema, extracto de vainilla, nata montada, etc. hará de este postre uno verdaderamente memorable.El truco de hacer la corteza con galletas Oreo es muy creativo y le da un encanto especial a este pastel.De modo que, ¿qué espera? ¿No se le hace agua la boca con esta descripción?Si es así, prepárese para cocinar este postre absolutamente exquisito.
Tiempo de preparación:20 minutos
Tiempo de cocción: 2 horas
Tiempo de reposo:1 hora
Tamaño recomendado para la olla:5 cuartos
Porciones:6

Ingredientes:

Para la corteza:
- Galletas Oreo trituradas (únicamente la parte de chocolate) =½ taza (50 gramos)
- Avellanas (picadas) =¼ taza (30 gramos)
- Mini chips de chocolate =¼ taza (40 gramos)

Para la mezcla de queso:
- Queso crema (regular o bajo en grasa, suavizado) =2 paquetes de 8 onzas (448 gramos en total)
- Nutella (crema untable de chocolate y avellana) =2/3 tazas (170 gramos)
- Huevos =2
- Vainilla =½ cucharadita (2.5 ml)

Para adornar (opcional)
- Nata montada (crema batida)
- Mini chips de chocolate
- Galletas Oreo (trituradas)
- Avellanas (picadas)
- Jarabe (sirope) de chocolate

¡A cocinar!:
1. En un tazón pequeño, combine todos los ingredientes para la corteza (galletas trituradas, chips de chocolate, y avellanas).

2. En otro tazón grande, combine todos los ingredientes para la mezcla de queso (huevos, Nutella, queso crema, y vainilla) y bata con batidora eléctrica a velocidad media durante unos minutos o hasta lograr una mezcla homogénea.

Tome 6 frascos de vidrio para envasar.Ponga una cucharada de mezcla de corteza en el fondo de cada frasco.Distribuya la mitad de la mezcla de queso entre los seis frascos.Ahora distribuya la mezcla de corteza restante en los 6 frascos sobre el queso.Ahora vierta la mezcla de queso restante a partes iguales sobre la segunda capa de galletas en cada frasco.Cuide de no llenar los frascos a más de ¾ de su capacidad.De lo contrario, podría derramarse el contenido al hornearlos.

3. Vierta agua en la vasija de su olla de cocción lenta a ½ pulgada (aprox. 1.25 cm) del fondo.Coloque con cuidado los frascos dentro de la olla.

4. Tape, encienda la olla de cocción lenta, y deje cocinar en posición de temperatura alta durante 1 ½ -- 2 horas.

5. Una vez finalizado el ciclo de cocción, destape y deje enfriar un poco durante aproximadamente 1 hora.En seguida tape los frascos y refrigere toda la noche.

6. Saque del refrigerador antes de servir y adorne con los ingredientes de su preferencia.

40. Pastel de queso y calabaza

Como hemos dicho antes, el pastel de queso parece ser muy popular; He aquí otra receta extremadamente tentadora, de pastel de queso y calabaza.En la olla de cocción lenta, usted puede hornear este pastel de queso y calabaza con tal perfección que no tendrá ni una rajada pequeña en su superficie, como suelen presentar los pasteles hechos en horno convencional.Tendrá un aspecto de pastel de restaurant o panadería.Por lo general se prepara en un molde desmontable que se coloca dentro de la olla de cocción lenta para hornear.Si no tiene un molde desmontable, puede usar una cazuela con paredes verticales.Siempre engrase el recipiente que usará, para asegurar que retirar el pastel del molde o cazuela no se dificulte ni afecte la forma del pastel.Prepárelo para una fiesta en casa, y tenga por seguro que será un éxito.

Tiempo de preparación:20 minutos
Tiempo de cocción: 4 horas
Tiempo de reposo:10 horas o toda la noche
Tamaño recomendado para la olla:5 – 6 cuartos
Porciones:8

Ingredientes:

- Galletas de jengibre (gingersnap) =12
- Mantequilla (derretida) =2 cucharadas (28 gramos)
- Azúcar morena (compacta) =3 cucharadas (32 gramos)
- Queso crema (en bloque) =2 paquetes de 8 onzas (448 gramos en total)
- Azúcar =¾ taza (150 gramos)
- Vainilla =1 cucharadita (5 ml)
- Calabaza (en lata) =½ taza (117 gramos)
- Huevo =3
- Canela =1 cucharadita (2.4 gramos)
- Nuez moscada =¼ cucharadita (0.5 gramos)
- Allspice =¼ cucharadita (0.5 gramos)
- Crema ácida =½ taza (120 gramos)
- Azúcar morena =2 cucharadas (22 gramos)

¡A cocinar!:
1. Primero triture las galletas de jengibre en un procesador de alimentos hasta obtener un moronas finas.Mezcle esto con la mantequilla derretida y el azúcar morena.
2. Tome un molde desmontable de 7 pulgadas.Unte con mantequilla, o bien con aceite vegetal, o rocíe con aceite en aerosol.

Presione la mezcla de galletas en el fondo del molde desmontable.Deje enfriar hasta que esté a punto de hornear.

3. En un tazón grande, combine el queso crema con la vainilla y el azúcar.Mezcle con una batidora eléctrica hasta obtener una mezcla suave y homogénea.
4. Agregue los huevos, calabaza, canela, nuez moscada, y allspice.Continúe batiendo hasta que la mezcla esté cremosa y homogénea.Vierta la mezcla en el molde desmontable.
5. Tome dos trozos de papel aluminio.Con uno de ellos cubra el molde desde abajo, abarcando los lados y hasta la orilla superior.Con el otro cubra la parte de arriba del molde y presione para sellar las orillas de ambos trozos juntas.Asegúrese de que no haya fugas y que no pueda introducirse o salir agua o humedad.
6. Vierta agua en la vasija de su olla de cocción lenta a 1 pulgada (aprox. 2.5 cm) del fondo.Con cuidado coloque el molde desmontable dentro de la vasija.
7. Tape, encienda la olla de cocción lenta, y deje cocinar en posición de temperatura alta durante 4 horas.
8. Una vez finalizado el ciclo de cocción,

destape y deje enfriar un poco.La textura de este pastel de queso mejora mientras se enfría, y es aún mejor si se refrigera.Puede refrigerarlo toda la noche.De modo que puede prepararlo un día antes de servirlo.

9. Antes de servir, retire el pastel de queso del refrigerador.Mezcle la crema ácida con el azúcar morena.Unte esto sobre el pastel.Corte el pastel de queso y calabaza en rebanadas, y sirva.

41. Dulce de nuez pecana

He aquí otro postre de nuez pecana. Este es crujiente, tentador, y magníficamente sabroso.Quien coma este postre se hará adicto a su sabor y nunca se cansará de mascar estos deliciosos dulces de nuez pecana.La olla de cocción lenta hizo de los dulces de nuez pecana algo tan delicioso que siempre se le antojarán.Serán también un postre perfecto para llevar en sus viajes de vacaciones, y los puede servir en cualquier reunión familiar.Necesita tan solo unos cuantos ingredientes y es muy fácil prepararlo en la olla de cocción lenta.Así que, prepárelo, y disfrute de su tiempo libre.
Tiempo de preparación:5 minutos
Tiempo de cocción: 2 ½ horas
Tiempo de reposo:30 minutos
Tamaño recomendado para la olla:4 cuartos
Porciones:12

Ingredientes:

- Nuez pecana =1 bolsa de 16 onzas (448 gramos)
- Mantequilla =½ taza (112 gramos) o 1 barra
- Azúcar morena =¼ taza (43 gramos)
- Azúcar (granulada) =¼ taza (50

gramos)
- Allspice =¼ cucharadita (1 gramos)
- Clavo (en polvo) =¼ cucharadita (1 gramo)
- Canela =1 cucharada (7 gramos)

¡A cocinar!:
1. Ponga todos los ingredientes dentro de su olla de cocción lenta.

2. Tape, encienda la olla de cocción lenta, y deje cocinar en posición de temperatura baja durante 2 – 2 ½ horas.Puede revolver de vez en cuando.

3. Una vez finalizado el ciclo de cocción, destape y deje enfriar un poco.

4. Pase los dulces de nuez pecana a un frasco hermético.Saque antes de servir, y sirva directamente.

42. Dulce de leche

Es una gran idea tener siempre un frasco de leche dulce, condensada, para usar en algún postre o para usar como postre.He aquí un dulce platillo de postre latinoamericano que es fácil de preparar y será un premio dulce, saludable y reconfortante siempre que desee comer postre.El dulce de leche es precisamente eso: un dulce hecho de leche.Tiene una textura cremosa y suave, pero un poco arenosa.Es un postre popular en varias regiones del mundo.Hay muchas versiones de este platillo, según el lugar de origen y los ingredientes que ahí hay.En México se usa leche de cabra, en tanto que en Cuba se usa leche agria (cortada) endulzada.De esta manera, este dulce tiene muchas versiones, y todas ellas saben igualmente divino.Veamos aquí la receta básica de "Dulce de leche".Hela aquí.

Tiempo de preparación:5 minutos
Tiempo de cocción: 8 – 10 horas
Tiempo de reposo:30 minutos
Tamaño recomendado para la olla:4 – 6 cuartos
Porciones:Depende de su uso

Ingredientes:

- Leche (endulzada, condensada) == 2

latas de 14 onzas (420 ml)
- Frasco hermético =3 de 8 onzas c/u

¡A cocinar!:
1. Primero, abra la lata de leche condensada y endulzada y vierta en los 3 frascos de 8 onzas.Distribuya equitativamente.Cierre las tapas de los frascos y ponga los anillos.

2. Coloque los frascos dentro de la olla de cocción lenta y vierta agua lentamente hasta que el nivel del agua alcance las bandas inferiores de los frascos.

3. Tape, encienda la olla de cocción lenta, y deje cocinar en posición de temperatura baja durante 6 – 8 horas si se requiere consistencia de salsa de caramelo.De lo contrario, continúe cociendo hasta llegar a 10 horas si se requiere consistencia de budín.Debe adquirir un tono marrón.Al cocinar lentamente la leche condensada, se lleva a cabo una reacción llamada la "Reacción Maillard", que modifica el color, el sabor, y la textura de la leche condensada.

4. Una vez finalizado el ciclo de cocción, destape y deje enfriar un poco.

5. Retire cuidadosamente los frascos de la olla

de cocción lenta.Sirva directamente, o sirva con rebanadas de fruta.

Parte 2

INTRODUÇÃO

Slow Cookers (uma panela de cozimento lento) estão tendo o ressurgimento da popularidade. Slow Cookers não são mais vistas como um método ultrapassado de cozinhar, pelo menos até agora; as receitas tem deixado algo a desejar...

Uma slow cooker básica é redonda ou oval e tem uma tampa de vidro. A panela é feita de cerâmica vidrada ou porcelana, cercada por um invólucro de metal que contém o elemento de aquecimento elétrico.

A tampa é geralmente feita de vidro e fica em uma ranhura na borda da panela; é onde que o vapor condensado se acumula e dá uma vedação de baixa pressão à panela. O conteúdo da slow cooker é, portanto, ligeiramente pressurizado.

A maioria das slow cookers tem dois ajustes de calor (baixo e alto); e não tem controle de temperatura. Elas simplesmente transferem calor constante ao conteúdo.

Vantagens

Há muitas vantagens em usar umaslow cooker, incluindo poder usar cortes de carne mais baratos (que são adequados para cozimento). Esses cortes costumam ser mais saborosos do que os guisados usando cortes caros de carne, já que a cozedura lenta geralmente amacia a carne. A baixa temperatura de cozimento lento torna quase impossível queimar alimentos, mesmo que você cozinhe por muito tempo; no entanto, há uma tendência de algumas carnes e vegetais ficarem quase sem gosto quando cozidos demais.

Eu amo minha slow cooker porque posso colocá-la para cozinhar lentamente antes de sair para o trabalho, e estará pronto no meu retorno.

Também reduz a lavagem à medida que tudo é cozido numa única panela e a baixa temperatura de cozedura e a panela envidraçada tornam a limpeza bem fácil.

Maryanne

Equipamento

Você obviamente precisará de umaslow cooker, mas também precisará de um prato ou tigela que caiba dentro da slow cooker (para pudins cozidos no vapor) e eu acho o meu Processador de Alimentos de grande valor.

Além disso, você só precisará do seu equipamento de cozinha habitual, incluindo facas, pratos, tábuas de cortar etc.

Tipos de Slow Cooker

Aqui estão algumas dicas para ajudá-lo:

- Se você estiver cozinhando pão de ló ou pudim, tente não levantar a tampa durante o tempo de cozimento ou a condensação irá escorrer pelos lados e criar manchas úmidas no topo do pudim.
- Se você estiver cozinhando um pudim cozido no vapor, cubra o vaporizador com

uma tampa feita de papel plissado e depois papel alumínio para induzi-lo a subir enquanto cozinha.

RECEITAS

Arroz Doce
Ingredientes

- 200g de arroz
- raspas de 1 limão
- rapas de 1 laranja
- 1 litro leite integral
- 100g de açúcar refinado
- 85g de passas ou sultanas
- 1 ramo de canela
- 100g de açúcar mascavo castanho claro
- 3 colheres de sopa de creme de leite

Instruções
1. Coloque o arroz na slow cooker com 500ml de água e as raspas de limão e laranja.
2. Cozinhe em fogo alto por cerca de 1 hora e, em seguida, misture o leite e o açúcar.
3. Cozinhe por 2 horas em fogo alto, até que o arroz esteja macio e o molho tenha engrossado.
4. Em uma panela pequena coloque as passas, canela, mascavo e 100ml de água.
5. Aqueça suavemente até o açúcar derreter e depois borbulhar até ficar homogêneo.

6. Retire do fogo e misture o creme de leite, depois deixe esfriar na panela.
7. Para servir, divida o arroz doce em 8 taças e cubra com uma colherada de passas.

Compota de Maçã

Ingredientes

- 100g de manteiga sem sal
- 750g de maçãs verde, descascadas e picadas
- 100g de açúcar refinado
- 1 vagem aberta de baunilha

Instruções
1. Pré aqueça a slow cooker em alta temperatura e adicione a manteiga.
2. Quando começar a derreter adicione as maçãs, o açúcar e a vagem de baunilha.
3. Cozinhe em fogo baixo por 2 horas ou até obter uma textura espessa.
4. Remova a vagem de baunilha e reserve para uso posterior.
5. Sirva com iogurte Grego grosso.

Muffin de Pêssego

Ingredientes

- 60g de açúcar refinado para o caramelo
- 40g de manteiga sem sal derretida

- 410g de pêssego em calda enlatado, escorrido, mas mantenha 50ml de caldada lata
- 320g de farinha de trigo com fermento
- 2 pitadas de sal
- 70g de açúcar refinado
- 568ml de leite
- 2 ovos médios
- Chantilly para servir

Instruções

1. Coloque 60g de açúcar na slow cooker e cozinhe em fogo baixo até que o açúcar derreta e se transforme em um caramelo leve.
2. Adicione as metades de pêssego ao prato, com o lado plano para baixo.
3. Em uma tigela separada, misture o sal, a farinha de trigo e o açúcar de confeiteiro.
4. Em seguida, adicione o leite, os ovos e a calda de 50 ml e bata levemente.
5. Volte a colocar o prato de cerâmica da slow cooker no suporte e unte o interior com manteiga derretida.
6. Em seguida, despeje a mistura de massa sobre os pêssegos com caramelo.
7. Coloque a tampa no topo e deixe cozinhar em fogo baixo por 2-3 horas.
8. Sirva com uma colherada grande de chantilly por cima.

Pudim Esponja no Vapor
Ingredientes

- 100g de farinha de trigo com fermento
- 100g de açúcar refinado
- 100g de manteiga amolecida
- 2 ovos caipiras
- 25 ml de leite
- 4 colheres de sopa de mel
- 1 colher de chá de gengibre

Instruções

1. Unte e polvilhe com farinha quatro tigelas de cerâmica (que caberão todas naslow cooker).
2. Misture a farinha de trigo, o açúcar, a manteiga, os ovos e o leite no processador de alimentos e bata até obter uma massa homogênea.
3. Em uma tigela separada misture o mel e o gengibre moído e coloque uma colher na base de cada tigela.
4. Despeje a mistura da esponja por cima.
5. Coloque as tigelas na slow cooker e, em seguida, encha com água a metade das tigelas.
6. Cozinhe em fogo baixo por 2 horas.
7. Para servir, despeje o pudim esponja em um prato e coloque um pouco de creme.

Pão de Ló com Cítrica e Mel

Ingredientes

- 2 colheres de sopa de mel, mais 1 colher de sopa extra

- 1 limão, raspas e polpa fatiada em rodelas
- 1 laranja, raspas e polpa fatiada em rodelas
- 110 g de açúcar refinado
- 110g de farinha de trigo fermentada
- 125g de manteiga macia, além de extra para untar
- 1 ovo caipira

Instruções

1. Coloque as raspas de laranja e limão, açúcar, farinha, manteiga, ovo e mel em um processador de alimentos e misture até ficar homogêneo.
2. Unte uma pequena tigela à prova de fogo (que ficará dentro da slow cooker) com manteiga e pincele com o mel extra.
3. Forre a taça com as rodelas de laranja e limão.
4. Deite a massa do pão no copo e cubra com filme plástico.
5. Coloque a tigela na slow cooker e cozinhe em fogo baixo por 4 horas, ou até que o pão de ló esteja cozido.

Pão de Ló de Frutos Silvestres
Ingredientes

- 500g de frutos silvestres congelados
- 2 colheres de sopa de açúcar
- 225g de farinha de trigo
- 225g de manteiga
- 225g de açúcar

- 4 ovos

Instruções

1. Coloque as frutas todas em uma tigela refratária e polvilhe com o açúcar.
2. Pré aqueça a slow cooker por 15 minutos em fogo alto e, em seguida, encha-a 1/3 com água fervente.
3. Coloque o restante dos ingredientes em um processador de alimentos e misture.
4. Despeje a mistura do pão uniformemente sobre a fruta.
5. Coloque a tigela na slow cooker e cozinhe em fogo baixo por 4 horas.
6. Sirva com um fio de creme fresco.

Pudim de Banana e Passas

Ingredientes

- 3 bananas maduras, amassadas
- 150g de manteiga sem sal, além de extra para untar
- 1 vagem de baunilha, aberta, sementes raspadas
- 175 g de açúcar refinado
- 2 ovos caipiras, batidos
- 175g de farinha de trigo com fermento
- 75g de passas douradas
- 50g de cerejas cristalizadas, picadas

Instruções

1. Pré-aqueça a slow cooker em fogo alto por 15 minutos.
2. Unte seis tigelas com manteiga.
3. Em seguida, em uma tigela, misture a manteiga e o açúcar, usando uma colher de pau, até que a mistura fique pálida e fofa.
4. Aos poucos, adicione os ovos e bata-os na mistura, certificando-se de que cada adição de ovo tenha sido totalmente misturada antes de adicionar a seguinte.
5. Adicione a farinha, as sementes de baunilha, as passas douradas, as cerejas cristalizadas picadas e a banana amassada e mexa bem.
6. Divida a massa igualmente entre as tigelas preparados.
7. Coloque-as na slow cooker (quantos couber) e adicione água fervente suficiente para chegar até a metade dos lados dos moldes da tigela.
8. Cozinhe em fogo baixo por 3 horas, ou até que um espeto inserido no centro de cada pudim saia limpo.

Pudim de Pão de Ló
Ingredientes

Para o pão
• 75g de açúcar refinado
• 75g de manteiga sem sal, amolecida, mais extra para untar

- 50g de amêndoas
- 75g de farinha de trigo com fermento
- 2 colheres de sopa de leite

Para a calda de frutas
- 200g de frutas mistas, descongeladas
- 1 colher de sopa de açúcar refinado
- 1 colher de sopa de licor Kirsch

Instruções

1. Primeiro coloque o açúcar, manteiga e amêndoas em um processador de alimentos e misture.
2. Adicione a farinha de trigo e leite suficiente para unir e misture novamente.
3. Prepare uma tigela de pudim untando com manteiga e polvilhe com farinha.
4. Despeje a mistura do pão e coloque a tigela na slow cooker.
5. Cozinhe em fogo baixo por 4 horas.
6. Enquanto isso, para fazer a calda de frutas, coloque as frutas, o açúcar refinado e o Kirsch em uma frigideira em fogo médio.
7. Deixe ferver e cozinhe por cinco minutos.
8. Para servir, vire o pudim em um prato e despeje sobre ele a calda de frutas quente.

Pudim de Tortilha

Ingredientes

- 8 tortilhas de farinha

- 125g de cranberries secos
- 50g de manteiga
- 50g de açúcar refinado
- 250ml de leite
- 250ml creme de leite
- 3 ovos
- Algumas gotas de essência de baunilha
- 3 colheres de sopa de geleia de cranberry

Mergulhe os cranberries na água durante a noite.

Instruções

1. Unte levemente a tigela da slow cooker com um pouco de manteiga.
2. Espalhe a manteiga restante sobre as tortilhas e corte em fatias.
3. Coloque metade das tortilhas na slow cooker e espalhe sobre os cranberries.
4. Cubra com as tortilhas restantes.
5. Em seguida em uma tigela separada misture o leite, creme de leite, açúcar, ovos e baunilha e despeje sobre as tortilhas.
6. Cozinhe na slow cooker em fogo baixo por 45 minutos ou até ficarem dourados.
7. Transfira para o forno normal se quiser dourar o topo.
8. Aqueça a geleia de cranberry e espalhe levemente por cima.

Pudim de Chocolate Cozido no Vapor

Ingredientes

- 50g de chocolate puro sem açúcar
- 115g de farinha de trigo
- 115g de açúcar refinado
- 1 colher de sopa de cacau em pó sem açúcar
- 125 ml de leite desnatado
- 1 ovo
- 1 colher de chá de fermento em pó
- ½ colher de cháde noz-moscada ralado
- 100g de avelã, torrada e picada
- margarina, para untar

Instruções

1. Derreta o chocolate em uma tigela sobre uma panela de água quente.
2. Em um processador de alimentos, misture os ingredientes restantes, exceto as avelãs, e misture por alguns minutos a baixa velocidade.
3. Adicione o chocolate derretido e misture novamente em alta velocidade. Acrescente as avelãs.
4. Unte levemente uma tigela para pudim com margarina.
5. Coloque a massa na vasilha e cubra-a com uma tampa ou uma folha untada de papel alumínio firmemente amarrada com barbante.
6. Coloque a vasilha no fundo da tigela da slow cooker.
7. Despeje água fervente na tigela até que chegue três quartos da lateral da vasilha.

8. Cozinhe em fogo baixo por cerca de 2 - 2,5 horas ou até que um palito saia limpo.
9. Retire o pudim da panela e deixe esfriar por dez minutos.
10. Passe uma faca ao redor da borda para soltar e inverter em uma travessa.
11. Sirva com creme de baunilha.

Pudim Pão com Manteiga

Ingredientes

- 2 ovos ligeiramente batidos
- 570ml de leite
- 1 baunilha
- ½ colher de chá de Canela
- ¼ colher de chá de Sal
- 300g de pão em cubos (3cm)
- 85g de açúcar mascavo
- 50g de passas

Instruções

1. Na tigela, misture os ovos, o leite, a baunilha, a canela, o sal, o pão, o açúcar e as passas.
2. Em seguida, despeje a mistura na tigela da panela.
3. Cubra e cozinhe na slow cooker em fogo alto por 2 horas.
4. Sirva o pudim quente com sorvete.

Pudim Esponja de Abacaxi
Ingredientes

- 175g de manteiga, amolecida, mais extra para untar
- 4 colheres de sopa de melado
- 175 g de açúcar refinado
- 175g de farinha de trigo com fermento
- 3 ovos de galinha caipira
- 125g de abacaxi picado

Instruções

1. Unte quatro pequenas tigelas de cerâmica com manteiga.
2. Espalhe o melado no fundo delas.
3. Em um processador de alimentos, misture a manteiga, o açúcar, o trigo e os ovos até ficar homogêneo.
4. Adicione o abacaxi e bata novamente até ficar homogêneo.
5. Divida a mistura entre as tigelas.
6. Coloque na panela da slow cooker e cozinhe por 2 horas em fogo baixo (ou até que um palito saia limpo).
7. Para servir, retire o pudim esponja e adicione uma colher de sorvete de baunilha.

Pudim Roly Poly
Ingredientes

- 150g de farinha de trigo
- 75g de óleo vegetal
- 100 ml de água fria
- 1 pitada de sal
- 5 colheres de sopa de geleia de ameixa

Instruções

1. Misture o trigo, o óleo e o sal juntos em uma tigela grande. Adicione água suficiente para fazer uma massa macia, mas não pegajosa.
2. Amasse levemente em uma tábua levemente enfarinhada por alguns minutos antes de desenrolá-la em uma espessura de 1 cm / ½ pol. E em uma forma quadrada de 20 cm / 8 pol.
3. Espalhe uma espessa camada de geleia sobre um lado da massa, deixando uma borda de 1cm / ½cm, que você umedece com um pouco de água.
4. Enrole levemente, apertando as extremidades ao mesmo tempo para impedir que a geleia de vazar.
5. Coloque o rolo em uma vasilha para pudim levemente untada com manteiga (pode ser necessário cortá-lo em dois ou envolvê-lo).
6. Coloque a bacia do pudim na tigela da panela e acrescente água fervente (na metade da tigela do pudim).
7. Cozinhe em fogo alto por 1 hora.
8. Sirva uma fatia espessa única, com creme de baunilha.

Spotted Dick

Ingredientes

- 175g de groselha
- 85g de uva passa sultanas
- 1½ colher de sopa de casca de laranja ralada
- 2 colheres de sopa de suco de laranja fresco
- 280g de farinha de trigo
- 140g de óleo
- 1 colher de chá de sal
- 2 colheres de chá de fermento em pó
- 200 ml de leite
- manteiga, para untar
- sorvete de baunilha, para servir

Instruções

1. Em uma tigela, misture os frutos secos, gengibre picado, casca de laranja e suco e reserve.
2. Em outra tigela, misture o trigo, o óleo, o sal e o fermento.
3. Adicione o leite, misturando à medida que o adiciona, até a massa se unir (e você conseguir rolar). Adicione mais leite, se necessário.
4. Escorra a fruta e enrole a massa em um retângulo espesso e polvilhe sobre metade da fruta drenada.
5. Dobre a massa ao meio e polvilhe metade da fruta restante. Abra-a novamente e repita com o restante da fruta.
6. Forme uma salsicha e coloque na base untada com manteiga da slow cooker.

7. Cozinhe por 3 horas em fogo baixo.
8. Sirva em fatias com uma colher de sorvete de baunilha.

Pudim Esponja de Geleia

Ingredientes

- 50g de geleia de morango ou framboesa
- 175g de manteiga, amolecida, mais extra para untar
- 50g de melado
- 75 g de açúcar refinado
- 3 ovos caipiras, levemente batidos
- 175g de farinha de trigo com fermento
- 40 g de geleia de morango ou framboesa

Instruções

1. Espalhe manteiga no interior de uma vasilha para o pudim.
2. Coloque a geleia na base da vasilha do pudim e reserve.
3. Em um processador de alimentos, bata a manteiga, o melado e o açúcar juntos até que fiquem leves e fofos.
4. Bata metade dos ovos, seguido por metade do trigo e quando bem misturado, adicione os ovos restantes e farinha.
5. Adicione um pouco de leite se a mistura estiver muito espessa.
6. Coloque a mistura na vasilha do pudim e alise a superfície com as costas de uma colher.

7. Adicione à tigela da slow cooker e adicione água fervente ao redor da vasilha (até atingir a metade dela)
8. Cozinhe em fogo baixo por 3 horas. (O pudim está pronto quando um palito inserido no centro do pudim sair limpo).
9. Para servir, coloque a geleia extra sobre o pudim, corte em fatias grossas e sirva com creme.

Pudim Esponja de Melado

Ingredientes

- 175 g de manteiga sem sal, amolecida
- 1 colher de sopa de pão ralado branco fresco (farinha de rosca).
- 175 g de açúcar refinado
- 3 ovos grandes, batidos
- Cascas de 1 limão
- 4 colheres de sopa de melado
- 175g de farinha de trigo com fermento
- 2 colheres de sopa de leite

Instruções
1. Use uma pequena porção de manteiga para untar bem uma vasilha de pudim de 1 litro.
2. Em uma tigela pequena, misture a calda (melado) com a farinha de rosca e, em seguida, despeje na vasilha do pudim.

3. Bata a manteiga com o açúcar e as raspas até ficar leve e fofa e, em seguida, adicione os ovos gradualmente.
4. Acrescente a farinha e, finalmente, adicione o leite.
5. Coloque a mistura em um pequeno prato que ficará dentro da slow cooker.
6. Encha a slow cooker com água fervente ao redor dos lados.
7. Cozinhe em fogo alto por 4 horas até que um palito saia limpo.

Sobremesa de Lima &Limão

Ingredientes

- 180g de Manteiga, amolecida
- 180 g de açúcar refinado
- 80g de farinha de trigo com fermento
- 1 / 1/2 colher de sopa de casca de limão
- 1 / 1/2 colher de sopa de casca de lima
- 3 colheres de sopa de suco de limão
- 3 colheres de sopa de suco de lima
- 3 gemas de ovo
- 360ml de leite
- 4 claras de ovos

Instruções

1. Em um processador de alimentos, bata a manteiga e o açúcar até ficar leve e fofo.

2. Misture o trigo e as cascas e sucos de limão e lima.
3. Misture as gemas e o leite em uma tigela separada e acrescente na mistura de manteiga.
4. Bata as claras até ficarem firmes e depois acrescente na massa.
5. Mergulhe a mistura em uma tigela à prova de fogo levemente untada e cubra com papel alumínio.
6. Despeje uma xícara de água na slow cooker, coloque a tigela de pudim.
7. Cubra e cozinhe em fogo baixo por 5-6 horas (O pudim está pronto quando um palito inserido no centro do pudim sair limpo).
8. Sirva com creme ou sorvete.

Pudim de Chocolate

Ingredientes

- 100g de manteiga sem sal derretida
- 120ml de leite
- 1 ovo
- 125g de farinha de trigo com fermento
- 2 colheres de cacau
- 70g de açúcar refinado
- 2 colheres de cacau em pó
- 170g de açúcar mascavo
- 480ml de água fervente

Instruções

1. Em uma tigela, misture a manteiga, o leite e o ovo.
2. Em uma tigela grande separada, peneire a farinha de trigo e o cacau juntos e misture o açúcar.
3. Adicione gradualmente a mistura de manteiga / ovo na mistura do trigo e misture bem.
4. Coloque em uma tigela de pudim e coloque na slow cooker (não é necessário água ao redor da tigela).
5. Para a calda, junte o cacau eo açúcar mascavo e polvilhe por cima da mistura de pudim.
6. Cuidadosamente despeje água fervente sobre a mistura
7. Tampe e cozinhe em fogo baixo por 5-6 horas. (O pudim está pronto quando um palito inserido no centro do pudim sair limpo).
8. Sirva quente com sorvete.

Pudim de Cereja Preta

Ingredientes

- 50g de Manteiga
- 50g de açúcar refinado
- 50g de farinha de trigo com fermento
- 1 ovo
- 1 colher de sopa de cacau
- ¼ colher de chá de fermento em pó

- 1 x 425g de cerejas pretas sem caroço, secas
- 150 ml de creme de leite

Instruções

1. Pré aqueça a slow cooker por 5 minutos.
2. Unte o interior de quatro tigelas com manteiga e forre a base de cada um com um pedaço de papel manteiga
3. Em uma tigela coloque a manteiga, o açúcar, o trigo, o ovo, o cacau e o fermento em pó e bata com uma colher de pau até ficar homogêneo
4. Organize ¾ das cerejas no fundo da tigela.
5. Pique o restante e misture na mistura.
6. Divida entre as tigelas e nivele os topos.
7. Cubra com papel alumínio e coloque na tigela da slow cooker.
8. Despeje água fervente na slow cooker até chegar à metade da tigela
9. Cozinhe em fogo alto por 2 horas ou até que os pudins tenham subido.
10. Sirva com um fio de creme de leite.

Pudim de Chocolate Molhado

Ingredientes

- 110g de manteiga
- 110 g de açúcar refinado
- 2 ovos grandes batidos
- 85g de farinha de trigo com fermento

- 15g de amido de milho
- 15g de cacau em pó
- 55g de chocolate, derretido com 3 colheres de chá de leite morno

Instruções

1. Pré-aqueça a slow cooker e adicione nela 2 xícaras de água
2. Bata a manteiga e o açúcar até obter um creme fofo e claro
3. Adicione os ovos um pouco de cada vez
4. Peneire o trigo, o amido e o cacau em pó e acrescente na mistura de manteiga
5. Adicione a mistura de chocolate derretido e mexa para fazer uma mistura suave que descole facilmente de uma colher
6. Unte uma vasilha de 900ml para pudim (ou tamanho apropriado para colocar na sua slow cooker) e coloque a mistura.
7. Cubra com papel manteiga (com uma prega no meio para expansão)
8. Coloque a vasilha na slow cooker por 6,5 horas em fogo alto.
9. Sirva com sorvete de baunilha.

Pudim Inglês Cozido

Ingredientes

- 3 ovos

- 2 colheres de açúcar
- leite 480ml
- ½ colher de chá de baunilha
- Noz-moscada a gosto

Instruções

1. Bata os ovos com açúcar e misture os ingredientes restantes
2. Coloque em uma tigela à prova de fogo untada que caiba dentro de sua slow cooker.
3. Cubra a tigela com papel alumínio e despeje a água quente naslow cooker.
4. Coloque delicadamente a tigela na slow cooker (certifique-se de que a água não vaze pelos lados)
5. Cozinhe em fogo baixo por 6-8 horas e depois sirva quente.

Pudim de Ameixa

Ingredientes

- 125g de farinha de trigo
- 140g de frutas mistas ou sultanas
- 85g de açúcar
- 2 colheres de sopa de manteiga
- ½ colher de chá de bicarbonato de sódio
- 120 ml de água quente
- 60 ml de água

Instruções

1. Primeiro derreta a manteiga com a água quente em uma tigela.
2. Em uma tigela separada, dissolva o bicarbonato de sódio em água fria.
3. Misture todos os ingredientes em uma tigela e deixe durante a noite.
4. Mexa e transfira para uma tigela de pudim untada (que caiba na slow cooker).
5. Cozinhe em fogo alto por 4 horas (O pudim está pronto quando um palito inserido no centro do pudim sair limpo).
6. Sirva com creme.

Pudim de Melado Cozido no Vapor

Ingredientes

- ½ xícara de melado
- 125g de manteiga amolecida
- ½ xícara de açúcar refinado
- 2 ovos
- 1 ½ xícaras de farinha de trigo fermentada
- 2/3 xícara de leite

Instruções

1. Unte uma tigela para pudim (que caiba na slow cooker) e despeje a calda.
2. Bata a manteiga e o açúcar até obter uma cor pálida e cremosa

3. Adicione os ovos, um de cada vez, batendo bem entre cada adição
4. Junte o trigo e o leite em alternadamente
5. Coloque a mistura na tigela do pudim e alise a superfície
6. Cubra com papel alumínio (com uma dobra para permitir a expansão)
7. Coloque na slow cooker e adicione água fervente (para chegar até a metade do lado da tigela do pudim)
8. Cubra e cozinhe em fogo alto por 2 horas.
9. Sirva quente com sorvete e calda extra.

Cheesecake de Laranja

Ingredientes

- Spray de cozinha antiaderente
- 350g de Queijo cremoso com gordura reduzida
- 85g de açúcar
- 1 colher de chá de casca de laranja finamente picada
- 2 colheres de sopa de suco de laranja
- 1 colher de sopa de farinha de trigo
- ½ colher de chá de baunilha
- 120 g de creme de leite com baixo teor de gordura
- 3 ovos levemente batidos
- 240 ml de água morna
- 2 laranjas de sangue médias, fatiadas

Instruções

1. Unte levemente uma tigela para pudim com spray de cozinha.
2. Em seguida, em uma tigela grande, bata o cream cheese, o açúcar, o suco de laranja, o trigo e a baunilha com um misturador elétrico até misturá-los
3. Bata os ovos até que estejam misturados e, em seguida, junte com a casca de laranja.
4. Despeje o recheio na tigela do pudim.
5. Em seguida, despeje a água quente na slow cooker.
6. Cubra e cozinhe em fogo alto por duas horas e meia ou até que o centro esteja sólido.
7. Deixe esfriar completamente, descoberto, em uma grelha.
8. Cubra e deixe descansar por 4 a 24 horas antes de servir.
9. Decore com fatias de laranja.

Pudim de Pão com Chocolate Branco e Framboesa

Ingredientes

- 360ml de creme de leite light
- 90g quadrados de chocolate branco picados
- 50g de damascos secos
- 2 ovos

- 85g de açúcar
- ½ colher de chá de cardamomo moído
- 400g de pequenos cubos de pão secos
- 25g de amêndoas fatiadas
- 240 ml de água morna
- framboesas frescas
- Chocolate branco ralado

Instruções

1. Em uma panela pequena aqueça o creme em fogo médio até ficar bem quente, mas sem ferver.
2. Retire do fogo; adicione o chocolate branco picado e os damascos. Mexa até que os quadrados de chocolate estejam derretidos.
3. Em uma tigela, bata os ovos com um garfo; e depois misture o açúcar e o cardamomo.
4. Em seguida, adicione a mistura de chocolate e misture delicadamente os cubos de pão e as amêndoas.
5. Despeje a mistura em uma vasilha de pudim que caiba na slow cooker.
6. Acrescente a água quente na slow cooker e coloque a vasilha do pudim.
7. Cubra e cozinhe em fogo baixo por 4 horas.

Pudim de Coco e Café com Chocolate

Ingredientes

- 6 peras médias frescas e firmes

- 45g de açúcar
- 2 colheres de sopa de cacau em pó sem açúcar
- 160 ml de leite de coco sem açúcar
- 80 ml de café forte
- 2 colheres de sopa de licor de café
- chocolate ralado

Instruções

1. Descasque as peras e corte-as longitudinalmente, removendo os miolos.
2. Coloque as peras na tigela da slow cooker.
3. Em seguida, em uma tigela separada, misture o açúcar eo cacau em pó.
4. Em seguida, misture o leite de coco, o café e o licor e misture bem.
5. Despeje a mistura sobre as peras na slow cooker.
6. Cozinhe em fogo baixo por 3 ½ a 4 horas ou até que as peras estejam macias.
7. Transfira as peras para pratos de sobremesa e coloque sobre o líquido.
8. Cubra com chocolate ralado.

Pudim de Limão &Mirtilo

Ingredientes

- 3 ovos
- Spray de cozinha antiaderente
- 100g de mirtilos frescos

- 1 colher de sopa de açúcar granulado
- 85g de açúcar granulado
- 30g de farinha de trigo
- 2 colheres de chá de casca de limão finamente picadas
- ¼ colher de chá de sal
- 240 ml de leite desnatado
- 3 colheres de sopa de suco de limão
- 3 colheres de sopa de óleo vegetal

Instruções

1. Cubra a slow cooker com spray de cozinha e coloque as frutas nela e polvilhe com 1 colher de sopa de açúcar granulado.
2. Para massa, separe os ovos.
3. Em uma tigela média, misture o açúcar granulado, o trigo, a casca de limão e o sal.
4. Em seguida, adicione o leite, o suco de limão, o óleo vegetal espalhado e as gemas e bata com a batedeira até misturá-los.
5. Em outra tigela bata as claras e depois acrescente na massa.
6. Cuidadosamente despeje a massa sobre as frutas na panela, espalhando uniformemente.
7. Tampe e cozinhe em fogo alto por 2 ½ a 3 horas.
8. Sirva com sorvete de baunilha.

Brownies de Chocolate com Morangos

Ingredientes

- spray de cozinha antiaderente
- 60g de manteiga
- 60g de chocolate sem açúcar
- 2 ovos levemente batidos
- 85g de açúcar
- 30g de geleia sem açúcar de morangos sem semente ou geleia de framboesa vermelha
- 30g de maçã sem açúcar
- 1 colher de chá de baunilha
- 40g de farinha de trigo
- ¼ colher de chá de fermento em pó
- ¼ colher de chá de sal
- 240 ml de água morna
- 350g de morangos frescos cortados

Instruções

1. Unte levemente uma vasilha para pudim com spray de cozinha.
2. Para a massa, em uma panela média derreta a manteiga e o chocolate em fogo baixo.
3. Retire do fogo e misture os ovos, açúcar, geleia, maçã e baunilha.
4. Usando uma colher bata levemente até misturar e, em seguida, misture a farinha, o fermento eo sal.
5. Despeje a massa na vasilha do pudim.
6. Coloque água morna naslow cooker e insira a vasilha do pudim (certifique-se de que a água não vaze pelos lados)
7. Cozinhe em fogo alto por 2 ½ a 3 horas.

8. Cubra cada porção com morangos.
Pudim de Pão com Chocolate e Nozes

Ingredientes

- spray de cozinha antiaderente
- 720ml de leite
- 100g de pedaços de chocolate
- 100g de cacau em pó
- 3 ovos levemente batidos
- 500g de pão de canela em cubos, seco
- 50g de nozes picadas

Instruções

1. Unte levemente o interior da slow cooker com spray de cozinha; separe.
2. Em uma panela média, aqueça o leite em fogo médio até ficar bem quente, mas sem ferver.
3. Retire do fogo e junte os pedaços de chocolate e o cacau em pó (não mexa); deixe descansar por 5 minutos. Bata até ficar homogêneo; esfrie um pouco (cerca de 10 minutos).
4. Em uma tigela grande misture os ovos e a mistura de chocolate. Misture delicadamente cubos de pão e nozes. Transfira a mistura de pão para a slow cooker.
5. Cozinhe em fogo baixo por 2 horas e meia ou até que um palito inserido próximo ao centro do pudim saia limpo.

6. Deixe esfriar, descoberto, por 30 minutos (o pudim encolherá conforme esfria).
7. Para servir, coloque pudim quente em pratos de sobremesa com sorvete de baunilha.
Pudim Choconut

Ingredientes

- Spray de cozinha antiaderente
- 125g de farinha de trigo
- 60g de açúcar
- 2 colheres de sopa de cacau em pó sem açúcar
- 1 ½ colher de chá de fermento em pó
- 120ml de leite
- 2 colheres de sopa de óleo vegetal
- 2 colheres de chá de baunilha
- 100g de pasta de amendoim
- 85g de pedaços de chocolate meio amargo
- 50g de amendoim picado
- 130g de açúcar
- 2 colheres de sopa de cacau em pó sem açúcar
- 360ml de água fervente
- Sorvete de baunilha

Instruções

1. Cubra levemente o interior da slow cooker com spray de cozinha; separe.

2. Em seguida, misture o trigo, 60g de açúcar, 2 colheres de sopa de cacau em pó e fermento em pó.
3. Em seguida, adicione o leite, o óleo e a baunilha e mexa até umedecer.
4. Misture a pasta de amendoim, pedaços de chocolate e amendoim e misture bem.
5. Espalhe esta mistura uniformemente na slow cooker.
6. Em uma tigela separada, misture 130g de açúcar e 2 colheres de sopa de cacau em pó. Aos poucos, misture a água fervente e, em seguida, despeje com cuidado a mistura sobre a massa.
7. Cozinhe em fogo alto por 2 a 2 horas e meia ou até que um palito inserido no centro do bolo saia limpo.
8. Deixe descansar, descoberto, por 30 a 40 minutos para esfriar um pouco
9. Para servir, coloque o pudim em pratos de sobremesa, com uma bola de sorvete de baunilha.

Maçãs Recheadas

Ingredientes

- 4 maçãs assadas médias
- 50g de figos secos ou passas
- 45g de xícara de açúcar mascavo
- ½ colher de chá de canela em pó

- 60ml de suco de maçã
- 1 colher de sopa de manteiga, cortada em quatro porções
- Sorvete de baunilha

Instruções

1. Tire o caroçodas maçãs; corte uma tira de casca do topo de cada maçã. Coloque as maçãs, com os lados superiores para cima, naslow cooker.
2. Em uma tigela pequena, misture figos, açúcar mascavo e canela.
3. Coloque a mistura no centro das maçãs, batendo levemente como achar melhor.
4. Acrescente o suco de maçã em volta das maçãs na slow cooker.
5. Por fim, cubra cada maçã com um pedaço de manteiga.
6. Tampe e cozinhe em fogo baixo por 4 a 5 horas.
7. Sirva as maçãs com sorvete de baunilha e um pouco do suco do cozimento.

Bolo de Pudim Maçã

Ingredientes

- Spray de cozinha antiaderente
- 600g de recheio de torta de maçã
- 70g de passas

- 125g de farinha de trigo
- 45g de açúcar granulado
- 1 colher de chá de fermento em pó
- ¼ colher de chá de sal
- 120ml de leite
- 2 colheres de sopa de manteiga derretida
- 50g de nozes picadas, torradas
- 300ml de suco de maçã
- 60g de açúcar mascavo
- 1 colher de sopa de manteiga

Instruções

1. Revestir levemente a slow cooker com spray de cozinha; separe.
2. Em seguida, em uma panela pequena, coloque o recheio de torta de maçã para ferver, junte as passas e transfira para a slow cooker.
3. Em uma tigela separada, misture a farinha de trigo, o açúcar granulado, o fermento e o sal.
4. Adicione o leite e a manteiga derretida e mexa apenas até misturar.
5. Em seguida, misture as nozes e, em seguida, despeje e espalhe a massa sobre a mistura de maçã na slow cooker.
6. Na panela, misture o suco de maçã, o açúcar mascavo e a manteiga - 1 colher de sopa.
7. Ferva suavemente por 2 minutos e, em seguida, despeje com cuidado sobre a mistura na slow cooker.
8. Cozinhe em fogo alto por 2 a 2 horas e meia ou até que um palito inserido perto do centro do bolo saia limpo.

9. Esfrie, destampado por cerca de 30 a 45 minutos.
10. Para servir, coloque o bolo quente e a calda em pratos de sobremesa.

Cheesecake de Limão

Ingredientes

- Spray de cozinha antiaderente
- 360g de cream cheese, amolecido
- 85g de açúcar
- 2 colheres de sopa de suco de limão
- 1 colher de sopa de farinha de trigo
- ½ colher de chá de baunilha
- 120 ml de coalhada
- 3 ovos levemente batidos
- 2 colheres de chá de casca de limão finamente picada
- 240 ml de água morna
- framboesas frescas
- Raminhos de hortelã frescos

Instruções

1. Unte levemente uma vasilha para pudim com spray de cozinha.
2. Em uma tigela grande, misture o cream cheese, o açúcar, o suco de limão, o trigo e a baunilha.
3. Depois bata até bem misturado.

4. Em seguida, bata a coalhada até ficar homogêneo e adicione os ovos lentamente, até misturar.
5. Adicione a casca de limão e despeje a mistura na vasilha preparada.
6. Em seguida, despeje a água morna na slow cooker.
7. Coloque a vasilha de pudim na slow cooker com cuidado.
8. Cozinhe em fogo alto por 2 horas e meia ou até que o centro esteja firme.
9. Remova cuidadosamente da slow cooker coloque em uma grelha. Tampe e deixe descansar por 4 a 24 horas.
10. Para servir, coloque o cheesecake em pratos de sobremesa.
11. Decore com framboesas e um raminho de hortelã fresca.

Crisp Tropical

Ingredientes

- Spray de cozinha antiaderente
- 600g de recheio de torta de damasco (enlatado)
- 200g de frutos secostropicais misturados
- 150g de granola
- 60g de coco torrado
- 480ml de sorvete de baunilha

Instruções

1. Unte levemente o interior da slow cooker com spray de cozinha antiaderente. Ainda na panela, acrescente o recheio de tortas e a fruta seca.
2. Tampe e cozinhe em fogo baixo por 2 horas.
3. Enquanto isso, em uma tigela pequena, misture a granola e o coco.
4. Polvilhe a mistura de frutas na panela e deixe repousar, por 30 minutos, para esfriar um pouco antes de servir.
5. Para servir, coloque a mistura morna em pratos de sobremesa.
6. Cubra com uma pequena colher de sorvete de baunilha.

Torta Deliciosa de Frutas Vermelhas

Ingredientes

- 125g de farinha de trigo
- 130g de açúcar
- 1 colher de chá de fermento em pó
- ¼ colher de chá de sal
- ¼ colher de chá de canela em pó
- ¼ colher de chá de noz moscada
- 2 ovos levemente batidos
- 3 colheres de sopa de óleo vegetal
- 2 colheres de sopa de leite
- 200g de mirtilos frescos ou congelados
- 200g de framboesas frescas ou congeladas

- 200g de amoras frescas ou congeladas
- 170g de açúcar
- 240 ml de água
- 3 colheres de sopa de tapioca de cozimento rápido
- Sorvete de baunilha

Instruções

1. Em uma tigela média, misture o trigo, 130g de açúcar, fermento, sal, canela e noz-moscada.
2. Em seguida, em uma tigela pequena, misture os ovos, o óleo e o leite.
3. Adicione a mistura de ovos de uma só vez à mistura de farinha de trigo e mexa até umedecer.
4. Em seguida, em uma panela grande, misture mirtilos, framboesas, amoras, 170g de açúcar, água e tapioca. Coloque para ferver.
5. Despeje a mistura de frutas quentes na slow cooker e, em seguida, imediatamente coloque a massa sobre a mistura de frutas.
6. Tampe e cozinhe em fogo alto por cerca de 2 horas ou até que um palito inserido no centro saia limpo.
7. Deixe descansar, destampado, por cerca de uma hora para esfriar um pouco.
8. Em seguida, sirva com sorvete de baunilha.

Pudim de Pão e Chocolate

Ingredientes

- Spray de cozinha antiaderente
- 720ml de leite
- 50g de pedaços de chocolate meio amargo
- 90g de cacau em pó
- 3 ovos levemente batidos
- 500g de pão em cubos com canela (sem passas) (cubos de 1/2 polegada), secos
- chantilly para servir

Instruções

1. Unte levemente o interior da slow cooker com spray de cozinha e reserve.
2. Em uma panela, aqueça o leite até ficar bem quente, mas sem ferver.
3. Retire do fogo, em seguida, adicione os pedaços de chocolate e 90g de cacau em pó (não mexa) e deixe descansar por 5 minutos. Bata até ficar homogêneo e deixe esfriar um pouco (cerca de 10 minutos).
4. Em seguida, em uma tigela grande, misture os ovos e a mistura de chocolate.
5. Coloque o pão em cubos na slow cooker e despeje sobre a mistura de chocolate e ovo.
6. Cozinhe em fogo baixo por cerca de 2 horas e meia ou até que um palito saia limpo.
7. Deixe o pudim descansar, descoberto, por cerca de 30 minutos para esfriar antes de servir (o pudim vai encolher enquanto esfria).

8. Para servir, coloque pudim morno em pratos de sobremesa.
9. Se desejar, cubra cada porção com chantilly.

Torta de Maçã & Cereja

Ingredientes

- 85g de açúcar granulado
- 4 colheres de chá de tapioca de cozimento rápido
- 1 colher de chá de canela
- 675g de maçãs, descascadas, sem miolo e cortadas em fatias pequenas
- lata de 410 g de cerejas sem caroço
- 70g de cerejas secas
- Sorvete

Instruções

1. Na slow cooker misture o açúcar, a tapioca e a canela.
2. Em seguida, misture as fatias de maçã, as cerejas em conserva com a calda e as cerejas secas. Misture bem.
3. Cozinhe em fogo baixo por 6 a 7 horas.
4. Para servir, coloque a mistura de cereja e maçã em pratos de sobremesa.
5. Cubra com uma colher de sorvete.

Bolo de Pudim de Laranja & Caramelo

Ingredientes

- 1 xícara de farinha de trigo
- 60g de açúcar granulado
- Spray de cozinha antiaderente
- 1 colher de chá de fermento em pó
- ½ colher de chá de canela em pó
- ¼ colher de chá de sal
- 120ml de leite
- 2 colheres de sopa de manteiga derretida
- 50g de nozes picadas
- 25g de groselhas secas ou passas
- 180 ml de água
- ½ colher de chá de casca de laranja finamente picada
- 180ml de suco de laranja
- 115g de açúcar mascavo
- 1 colher de sopa de manteiga
- Chantilly
- Nozes picadas

Instruções

1. Unte levemente o interior da slow cooker com spray de cozinha e, em seguida, separe.
2. Em seguida, em uma tigela média, misture o trigo, o açúcar granulado, o fermento, a canela e o sal.
3. Adicione também o leite e a manteiga derretida e mexa apenas até misturar.
4. Finalmente, misture as nozes e groselhas e, em seguida, espalhe a massa uniformemente na slow cooker.

5. Em seguida, em uma panela média, misture a água, a casca de laranja, o suco de laranja, o açúcar mascavo e 1 colher de sopa de manteiga.
6. Deixe ferver, mexendo para dissolver o açúcar mascavo por 2 minutos.
7. Com cuidado, despeje a mistura sobre a slow cooker.
8. Cozinhe em fogo baixo por 5 horas e deixe descansar, destampado, por 45 minutos para esfriar um pouco.
9. Para servir, coloque o bolo de pudim em pratos de sobremesa.
10. Cubra com Chantilly e nozes picados.

Pudim de Noz-Peçã e Mel Cozido no Vapor
Ingredientes

- 115g de açúcar
- 115g de manteiga
- 2 ovos
- 115g de farinha de trigo com fermento
- 1 laranja, apenas cascas
- 1 limão, apenas cascas
- 4 colheres de sopa de mel
- 1 colher de sopa de nozes-pecã
- chantilly, para servir
- 3 colheres de sopa de calda de maçã, para servir

Instruções
1. Em uma tigela grande, bata o açúcar e a manteiga juntos.

2. Em seguida, adicione os ovos e acrescente a farinha de trigo.
3. Por fim, adicione as raspas de laranja e limão e misture bem.
4. Unte uma pequena tigela de pudim e depois coloque o mel dentro da tigela.
5. Despeje a mistura de pudim na tigela (em cima do mel).
6. Coloque na base da slow cooker e adicione um pouco de água (na metade da altura até a tigela do pudim).
7. Vire o pudim em um prato liso e sirva com chantilly e calda de maçã e uma pitada de nozes.

Compota de Frutas com Gengibre

Ingredientes

- 3 peras médias, sem miolo e em cubos
- 410g pedaços de abacaxi em calda
- 140g de damascos secos, cortados
- 3 colheres de sopa de suco de laranja concentrado congelado
- 2 colheres de sopa de açúcar mascavo
- 1 colher de sopa de tapioca de cozimento rápido
- ½ colher de chá de gengibre moído
- 280g de cerejas doces escuras congeladas
- Sorvete de baunilha

Instruções

1. Na slow cooker, misture a pera, o abacaxi, os damascos secos, o concentrado de suco de laranja, o açúcar mascavo, a tapioca e o gengibre.
2. Cozinhe em fogo baixo por 6 a 8 horas e depois misture as cerejas no final.
3. Para servir, coloque a compota quente em pratos de sobremesa e cubra com uma bola de sorvete.

www.ingramcontent.com/pod-product-compliance
Lightning Source LLC
Chambersburg PA
CBHW072015070526
44583CB00015B/1496